SOSTIENE TABUCCHI

Roberto Ferro
edición y prólogo

Roberto Ferro

Héctor Freire

Maximiliano González

Ana Paruolo

Editorial Biblos

Roberto Ferro
edición y prólogo

Roberto Ferro

Héctor Freire

Maximiliano González

Ana Paruolo

SOSTIENE
TABUCCHI

Editorial Biblos

82.09   Ferro, Roberto
FER   Sostiene Tabucchi. - 1ª ed. - Buenos Aires: Biblos. 1999.
        180 pp.; 20 x 14 cm. - (Estudios literarios)

        ISBN 950-786-211-0

        I. Título - 1. Crítica literaria

Diseño de tapa: *Horacio Ossani*
Armado: *Ana María Souza.*
Coordinación: *Mónica Urrestarazu*

© Editorial Biblos. 1999.
Pasaje José M. Giuffra 318. 1064 Buenos Aires.
Hecho el depósito que dispone la Ley 11.723.
Impreso en la Argentina.

Impreso en Laf,
Loyola 1654, Buenos Aires,
República Argentina,
en noviembre de 1999.

ÍNDICE

ANTONIO TABUCCHI POR ÉL MISMO

EL REVÉS DE UN PRÓLOGO

A menudo tras cruzar las imperceptibles barreras de la repetición cotidiana, tan tenaz en su casi perpetua insistencia, nos convertimos en inesperados viajeros de extraños senderos en los que quedamos irremediablemente atrapados. En enero de 1995, en Florencia, comienza una serie de *pequeños equivocos sin importancia*; hubo algo de cuento fantástico en la trama que nos complicó y nos condujo a este libro, al que durante todo este tiempo hemos fabulado como un lugar propicio para intentar algunas maniobras de interpretación que le otorgaran sentido a este raro monograma de cuatro trazos bien diferenciados que todavía seguimos componiendo.

Conozco hace años a Héctor Freire, me he encontrado con él en innumerables circunstancias: mesas redondas, debates, asociaciones utópicas para fundar revistas de literatura, visitas y cenas en nuestras respectivas casas; además, de tanto en tanto, solemos juntarnos por la tarde en algún café de Buenos Aires para conversar acerca de las obsesiones que nos persiguen o del tedio que con tanta frecuencia nos ata a lo mismo; esos encuentros habían sido parsimoniosamente programados, eran citas que concertábamos con anterioridad o propuestas por terceros, pero jamás me encontré con él de improviso ni a la salida de un teatro, ni en el subterráneo, ni en la casa de un amigo a la que cualquiera de los dos hubiéramos llegado inopinadamente; sólo nos veíamos bajo el seguro refugio de la previsión, lo aleatorio nos estaba negado.

La primera ruptura –debería decir la única, por lo menos hasta hoy que escribo estas líneas, pues desde entonces regresamos a nuestra normalidad– ocurrió en la Piazza di San Lorenzo. Aquella mañana, luego de recorrer con Silvia, mi mujer, los interminables pasajes del Mercato Nuovo, nos cruzamos a la librería Il Porcellino; el día anterior había encargado las dos primeras novelas de Antonio Tabucchi que no estaban aún traducidas al castellano: *Piazza d'Italia* e *Il piccolo naviglio*. Estuvimos charlando con los vendedores, mientras nos ayudaban a revolver los estantes y las mesas repletas de libros que nos parecían tesoros inhallables y, a su turno, tras cada decisión indeclinable, los terminábamos desechando sea por el peso sea por lo exiguo de nuestro presupuesto; finalmente, opté por pagar mi pedido y seguramente distraído por la calidez de la despedida metí el paquete en mi bolso de mano sin siquiera revisarlo. Por la tarde, visitamos durante varias horas el Convento de San Marcos, fascinados por los frescos del Beato Angélico. Cuando ya volvíamos al hotel, mientras atravesábamos la Piazza di San Lorenzo recordando agradecidos la repetida recomendación de Freire de visitar los volátiles, para nuestros desconcierto, allí estaba junto a Gladys entre los puestos de venta revisando una pila de pañuelos de seda. Sabíamos que ellos también iban a viajar a Italia en la misma fecha que nosotros, pero siempre creímos que sus itinerarios eran diferentes, por lo que no íbamos a coincidir ni en las fechas ni en los lugares, pero a pesar de todo, incluso a pesar de no haber concertado encuentro alguno, allí estaban los Freire. Festejamos esa noche en Florencia y una semana después en Roma, en la que hablamos de todo, menos de los libros que yo había encargado en Il Porcellino, que viajaban en el fondo de alguna valija bien envueltos como los había recibido y, por supuesto, tampoco surgió en las kilométricas conversaciones ninguna mención acerca de que él también se llevaba un encargo sin abrir de la misma librería.

Ya de regreso en Buenos Aires, cuando rasgué el envoltorio que debía contener los libros de Tabucchi, me encontré para mi decepción y mi sorpresa con *Il libro dei laberin-*

ti. Storia di un mito e di un simbolo de Paolo Santarcangeli, en una magnífica edición de Frassinelli, con prólogo de Umberto Eco. La decepción nunca fue compensada, a pesar de que el libro de Santarcangeli me fascinó; algunas huellas de ello están en mi artículo "Una maquinita estrafalaria de lectura" publicado en la revista *SyC*, meses después, en agosto de 1995. Allí propongo una poética de la lectura en torno de la alegoría del laberinto.

Seguimos viéndonos con Freire según rigurosos acuerdos de parte nuestra o de terceros, por aquella época él estaba terminando los textos de *Poética del tiempo*, que tanto valoro, acaso porque en ellos se impone la comprobación siempre sorprendente de que la palabra poética es huidiza e inapresable. Una tarde habíamos sido convocados por Ana Paruolo y Maximiliano González, amigos comunes, que estaban por editar un libro colectivo de cuentos junto con otros dos escritores y querían que Héctor y yo participáramos en la presentación. La mañana de ese día Ana me llamó a casa para pedirme que le llevara *La línea del horizonte*, desde tiempo atrás estaba trabajando sobre la novela de Tabucchi e inexplicablemente para ella había desaparecido de su biblioteca.

Cuando estuvimos juntos, la digresión invadió sin solemnidad todos nuestros intentos de diálogo. Hasta que Maximiliano apuntó con su índice a Freire y con una no muy disimulada ansiedad le preguntó si se había acordado de traerle *Dama de Porto Pim*, un libro de relatos de Tabucchi, que había extraviado y que necesitaba para uno de sus innumerables cursos de literatura. Que Ana y Maximiliano se hayan apropiado mutuamente de sus mutuos libros sobre Tabucchi, sin saber que los dos estaban trabajando sobre el mismo escritor, era una confusión más o menos comprensible, luego más o menos aclarada; que los dos hubieran resuelto pedir ayuda a uno de los amigos con los que se iban a encontrar esa tarde puede justificarse como una coincidencia atenuada a partir de varias coartadas sedantes, pero que durante las explicaciones Héctor Freire y yo descubriéramos finalmente que nos habíamos llevado de Il Porcellino cada uno el paquete del otro era un escándalo. La suma de estos *pequeños equívocos sin importancia* acaso sea el título elegido para el libro de cuentos que era el motivo de aquella reunión: *Cuadrivio*.

Antonio Tabucchi nació en Pisa en 1943, pasó los años de su infancia y su juventud en el vecino pueblo de Vecchiano. Al principio de sus estudios de Filosofía y Letras en la Universidad de Pisa, tenía como proyecto estudiar filología románica o literatura española. Mientras cursaba el primer año, durante un viaje a París compra *Bureau de Tabac* de Fernando Pessoa en un puesto de libros usados, era una traducción francesa de un poeta que hasta ese entonces desconocía totalmente. El viaje de regreso en tren desde París a su casa fue el escenario de su encuentro con una poesía que marcaría profundamente su trayectoria posterior. A esa estadía en París Tabucchi le otorga una gran importancia al momento de revisar la genealogía de su formación cultural, pues en esa época se pone en contacto con el cine de Jean Renoir y de Luis Buñuel, se acerca a Salvador Dalí, al surrealismo francés, a Jean Cocteau, a la vanguardia, todo lo que le otorga una disposición diferente para la interpretación de la literatura europea contemporánea. Al comenzar el segundo año de la universidad, cambia la orientación de sus estudios movido por la dimensión imaginaria de aquel poeta portugués desconocido. Tabucchi afirma que a Pessoa le debe ante todo la apertura hacia la novela porque, a través de su poesía, lo que hizo fue inventar una serie de personajes creadores y ponerlos en relación, urdiendo correspondencias, amistades, divergencias polémicas, diversas posturas ante la vida y la literatura. Hay en el inventario de lecturas que privilegia Tabucchi una red de relaciones que desde Pessoa se expande a los autores apócrifos de Antonio Machado, el teatro de Luigi Pirandello, la novela *Niebla* de Miguel de Unamuno, los cuentos de Jorge Luis Borges que se exhiben como la marca de su obsesión por el proceso de configuración y emergencia del personaje literario, con el que se relacionan el tema del doble, la búsqueda de la identidad, los bordes lábiles e inestables entre realidad e imaginación que se diseminan en toda su narrativa. Tras terminar la licenciatura cursa estudios de especialización en la Scuola Normale Superiore de Pisa. Ha sido profesor en las universidades de Bolonia, Roma y Génova. Entre 1987 y 1989 fue director del Instituto Italiano de Cultura de Lisboa, actualmente es catedrático de Lengua y Literatura Portuguesas en la Universidad de Siena. Es también reconocido como crítico literario y sus artículos periodísticos aparecen en los principales diarios de Europa y América.

Una recorrida por la obra narrativa de Antonio Tabucchi abre a la mirada lectora un territorio de variada topografía en sus hasta ahora siete novelas y seis libros de cuentos y relatos; si se elige como eje de referencia la línea cronológica de publicación es posible distinguir tres períodos bien diferenciados en su producción, esto marcado por la salvedad de que su narrativa está en curso y que los intentos de parcelación suelen permitir un primer acercamiento que debe ser asediado desde otras perspectivas para otorgar mayor densidad a la reflexión.

La primera etapa abarca dos novelas, *Piazza d'Italia* e *Il piccolo naviglio*, que se desarrollan en torno de genealogías familiares en las que el destino trágico de los protagonistas se trama con un intenso escudriñamiento de la historia italiana de este siglo. En *Piazza d'Italia*, publicada en 1975, hay tres generaciones de rebeldes, marcadas por la tradición familiar, con personajes arquetípicos que llevan nombres como Garibaldino, Quarto, Volturno, que son antes cifras arquetípicas que designaciones individuales; cada uno de ellos parte desde su pueblo hacia viajes extraordinarios donde la guerra es una amenaza y un desafío constantes. En *Il piccolo naviglio*, de 1978, el relato se despliega en torno de la alegoría de un viaje peligroso en el que el hombre es el capitán de su pequeño navío, dramatizando la tensión ancestral entre el destino individual perdido en la inmensidad del mar del tiempo y la historia.

Con la aparición del libro de relatos *El juego del revés*, en 1981, la escritura de Antonio Tabucchi incorpora algunos rasgos distintivos que comienzan a diferenciar sus textos de su obra anterior desplegada como un vasto friso centrado en el mundo campesino de la región de Toscana con sus tradiciones y sus conflictos sociales. En el relato que da título al volumen emerge una instancia del proceso de escritura en el texto y a partir de esa instancia algunos temas que ya se asomaban en sus primeras novelas alcanzan otra magnitud: la indagación de la memoria como búsqueda de la identidad, los meandros del tiempo, la imposibilidad de llegar a una única verdad, comienzan a elaborarse con una impronta propia, en la que el rigor intelectual, la intensidad de la palabra poética y la agudeza para incursionar en los dilemas que enfrenta el conocimiento en nuestra época configuran una textualidad en la que el gesto inquisitivo es el signo de una conciencia crítica, inquieta y reflexiva, que propone indagar las complejidades sin desembocar en respuestas conciliadoras ni reduccionistas.

Dama de Porto Pim, de 1983, es un conjunto misceláneo de relatos, un libro caleidoscópico en el que se da a leer el naufragio como hilo que entrelaza la diversidad de los materiales que lo componen. *Nocturno hindú*, de 1984, es una novela de búsqueda, situada en la India, en la que Tabucchi rechaza la fácil tentación del exotismo para centrarse en una existencia signada por el encuentro del protagonista con otras personas que lo marcan mucho más intensamente que los paisajes naturales. La narración rodea las acciones con el vacío de las elisiones y los fragmentos como si cada interpretación de nuestros semejantes y de sus circunstancias constituyera un asomarse al abismo de la indeterminación. El relato progresa asediado por fuerzas contrapuestas: la elisión, el fragmento, el dato vedado al conocimiento del lector, parecen tener funciones ambiguas; por una parte, contribuyen a la articulación del enigma y a la tensión del suspenso y, por otra, son movimientos de desnovelización que atraviesan la escritura interfiriendo todo cierre que implique la repetición de una fórmula cristalizada.

En 1985 aparece *Pequeños equívocos sin importancia*, un libro de relatos en los que el azar, el equívoco, lo aleatorio intervienen construyendo redes de relaciones de determinación en los que se agrava y se atenúa de modo ambivalente e incierto la responsabilidad de los personajes que deben elegir en situaciones a las que son arrojados inesperadamente. Al año siguiente publica *La línea del horizonte*, una novela existencial, en la que emerge un clima de desazón ante la incapacidad de vivir con plenitud; el asedio de la alegoría de la muerte y la insistencia de un sentimiento de piedad sobre los restos mortales articulan el relato en el cruce entre el género policial y la novela filosófica.

Los volátiles del Beato Angélico, de 1987, es también un volumen misceláneo, que reúne relatos atravesados por una gran diversidad temática: históricos, líricos, paródicos, fantásticos, todos ellos tejidos en alusiones autobiográficas en las que asoman sus búsquedas personales más intensas. Tanto en *Los volátiles del Beato Angélico* como en *Dama de Porto Pim* el encuentro de materiales de origen diverso, a veces con evidentes alusiones metaliterarias, a veces abiertamente no literarias, con marcadas disonancias entre sí, constituyen constelaciones de rasgos que se reúnen en torno de figuraciones distintas a la manera de caleidoscopios inestables; todo ello posibilitado por la invención que las determinaciones insólitas de las lógicas del azar posibilitan. Algunos de estos textos pueden ser leídos como micropoéticas en las que las estructuras abiertas parecen evocar el diseño de alguna de sus novelas.

Los textos de este lapso, que pueden ser leídos como un momento de afirmación y madurez, comienzan a traducirse al español en los primeros años de la década del 80, período en el que se renueva el interés de los lectores de habla hispana por la literatura italiana contemporánea, situación en la que tienen un alto grado de responsabilidad la inmensa ola producida por *El nombre de la rosa*, de 1979, de Umberto Eco, por una parte, y el constante interés que en los últimos años recibía la narrativa de Italo Calvino, por otra. La obra de Tabucchi comienza a difundirse desbordando el primer círculo de sus lectores que lo habían constituido en un autor de culto.

Después de varios años de silencio, en 1991 aparecen dos volúmenes, *El ángel negro*, compuesto de relatos que, más allá de la autonomía de cada uno de ellos, se presenta como un mosaico en el que se revela un trazado de recurrencias que les otorga unidad: el paso irremediable del tiempo y la mirada que se construye desde esa perspectiva migran repetidamente tejiendo el filamento textual que une todos los cuentos; y *Réquiem*, novela escrita originalmente en portugués, es una especie de sonata en la que el protagonista se encuentra con vivos y con muertos en un mismo plano, un texto en el que la figura de Fernando Pessoa y su Lisboa contemporánea suponen el encuentro entre el homenaje y la perturbación por lo inexplicable. *El ángel negro* y *Réquiem* abren una tercera etapa en la que la escritura de Tabucchi alcanza una dimensión constructiva rigurosa, constituyendo una economía narrativa asentada en la fragmentación temporal y la densidad de la palabra poética, y correlativamente el componente lúdico abre el dilema de la reflexión ontológica, en la que el laberinto es una alegoría que contiene y disemina la conjunción indecible del orden y el caos.

Si en estos años Antonio Tabucchi ya no era tan sólo un escritor de culto y su obra era leída en ámbitos más amplios, las circunstancias excepcionales que rodearon la filmación de su novela *Sostiene Pereira*, de 1994, dirigida por Roberto Faenza y protagonizada por Marcello Mastroianni –en uno de sus últimos papeles protagónicos, tras el cual poco tiempo después iba a fallecer– abrieron su obra a un conocimiento que excede con mucho la fama restringida y el prestigio que había alcanzado para convertir la novela en un best-seller y provocando que su narrativa anterior llegara a un público lector que hasta ese entonces la desconocía. *Sostiene Pereira* se desarrolla en un período trágico de la historia europea, el del ascenso y la consolidación de los totalitarismos; el protagonista no lleva a cabo actos de arrojo extraordinario, es un hombre común, asediado por el remordimiento y los recuerdos que en un momento de su vida asume el riesgo del compromiso político.

En 1997 aparece *La cabeza perdida de Damasceno Monteiro*, en la que la resolución de un crimen sirve de apertura al problema que enfrenta el protagonista de la historia, el abogado Lotton, que es el de la credibilidad de una persona que desde la consideración social es un marginado. Hay una concepción muy difundida, fundada básicamente en prejuicios en torno de que el papel social hace a la persona, en cambio para Lotton el ser humano es respetable y creíble más allá de la posición social que ocupa. En esta novela Tabucchi expone su concepción del intelectual como aquel que debe suscitar la duda, la no adhesión completa a las esferas del universo. Piensa que, si se verifica la armonía completa entre el artista y el orden constituido, el arte se convierte en algo inútil, falso y consolador. No considera que el intelectual debe tener una distancia crítica en relación con motivos políticos, también su actitud debe abarcar el ámbito moral y estético.

Por caminos bien distintos, en los que *los pequeños equivocos sin importancia* habían jugado un papel que tardaríamos en comprender, habíamos arribado a esa mesa en la que descubrimos, no sin alguna sorpresa, que –salvo Freire– los otros tres estábamos estudiando la narrativa de Tabucchi, de allí a la propuesta de González de hacer un libro colectivo hubo apenas una vacilación. Debo confesar que fue la tenacidad de Ana Paruolo, digo la tenacidad de los gestos concretos, lo que le fue otorgando al proyecto un diseño posible.

Los deslizamientos y las contaminaciones entre los textos de Jorge Luis Borges y Julio Cortázar fueron el punto de partida de Maximiliano González, la construcción de laberintos narrativos con múltiples entradas el de Héctor Freire, la marca de Pessoa en Tabucchi el de Ana Paruolo, mientras que mi mirada quedaba retenida en las interferencias de los relatos tabucchianos con el género policial. La serie de variaciones del azar que fueron construyendo este libro se nos impusieron de tal modo que considero un exceso seguir revelando nuestro *juego del revés*.

"Tabucchi por él mismo" fue compuesto a la manera de una partitura de música de cámara: en tanto lectores fuimos armando una cartografía de insistencias y, para evitar promover algún tipo de jerarquía aunque fuese velada, optamos por un orden arbitrario tan notorio que impide cualquier inferencia, dispusimos las citas por el orden alfabético de los temas que fuimos recopilando en el curso de nuestras lecturas. Ese conjunto pretende tener el diseño de una estructura abierta en el que los fragmentos sean perpetuamente móviles y en el que los blancos sean una tentación de iniciar nuevos recorridos antes que un inventario que pretenda cualquier grado de exhaustividad.

Finalmente, los autores quieren agradecer los interminables desvelos y la infinita dedicación con que Silvia Maino revisó los originales, compaginó las diversas ediciones de este libro y sobre todo comprendió el espíritu que nos unía en la empresa.

ROBERTO FERRO
Buenos Aires, Coghlan, noviembre de 1998

CARTAS PERDIDAS EN UN VIAJE A LA INDIA

Roberto Ferro

> *No creo que la vida sea comprensible, si no es en térmi-*
> *nos narrativos... La vida en sí misma carece de formulación*
> *narrativa; por mucho que intente llenar los vacíos que exis-*
> *ten en el interior de los acontecimientos, no es capaz de sa-*
> *turar las incongruencias afectivas: tan sólo es capaz de lle-*
> *var a cabo suturas, de organizar en términos lógicos el mis-*
> *terio de nuestro vivir. La vida es equívoca y subrepticia y*
> *nuestra narración, por muy dotada que esté de voluntad de*
> *completarla, acabará asumiendo la fisonomía del objeto na-*
> *rrado, se convertirá en equívoca y subrepticia.*
>
> ANTONIO TABUCCHI

1. APROXIMACIONES A UNA POÉTICA DEL REVÉS

La escritura de Antonio Tabucchi prolifera y se disemina a partir de una perplejidad raigal; cada fragmento de realidad que sus narradores relatan y sus personajes enfrentan y exploran a medida que son indagados tan sólo entrega desvíos, digresiones, borrosos perfiles. De este modo todos los gestos de comprensión terminan enmarañados ante la desmesurada complejidad de la existencia.

Las travesías que sus narraciones recorren están atravesadas por una encrucijada: todo intento de búsqueda de saber acerca del mundo alcanza la forma de una suma inescrutable en la que cualquier interrogante tiene múltiples posibilidades de resolución, las que, además de ser intercambiables entre sí, aparecen como réplicas confusas y desvaídas de una totalidad inalcanzable para los vanos intentos del descifrador, condenados irremediablemente al fracaso.

Los relatos de Tabucchi despliegan insistentemente una única certeza bifronte e indiscernible: la de la relatividad de los valores y la del naufragio de los instrumentos de conocimiento que la modernidad fue forjando en su desarrollo. Pero esa aporía no supone la clausura definitiva a todo intento, antes bien es la cifra de una pasión por lo imposible que da a leer su escritura; la nostalgia y el dolor por lo que sólo se puede vislumbrar en la ilusión de lo que

hubiera podido ser, es decir, la imaginación inasible de todas las posibilidades inexploradas que se refugian en los
universos alternativos del yo y de la literatura.

Las cartografías de esas indagaciones paradójicas se
desarrollan a partir de algunas variaciones: los juegos in-
decidibles con el otro lado de las cosas en *El juego del revés*, los estrechos pasajes que enlazan la maldad y la infe-
licidad en *El ángel negro*, el cruce inextricable entre los
vientos de la historia y el destino individual en *Sostiene Pereira*, la exploración de los pruebas inalcanzables de la
identidad en *La línea del horizonte*, el íntimo encastre que
articula contingencia y error como causalidad dominante
de nuestras existencias en *Pequeños equívocos sin importancia*, las sinuosas relaciones entre ética y derecho en *La
cabeza perdida de Damasceno Monteiro*. Esas travesías,
que se traman en sus narraciones, tienen un punto de
convergencia que sostiene cada intento: la vida pensada
como un viaje no sólo se extiende a lo largo de un complejo laberinto sino que también es una representación teatral en la que cada escena forma parte de un rompecabezas perpetuamente desordenado que hay que intentar re-
componer a cada instante. Las posibilidades que se presentan en cada opción son infinitas y no hay un modelo
predeterminado que asegure el porvenir, aunque tan sólo
sea el pequeño porvenir del instante futuro; el mundo que
nos da a leer Tabucchi es un mundo ambiguo y plural,
atrapado en los movimientos inesperados del azar y la contingencia; las certezas, entonces, aparecen como la línea
del horizonte, un juego del revés, que se aleja en la medida en que intentamos acercarnos.

Sus personajes, y por extensión sus lectores, deben
asumir que sus existencias no participan de universos ra-
cionales, predecibles y determinados, es decir, no hay absoluto ni orden que nos otorguen seguridad y amparo.

En la narrativa de Antonio Tabucchi hay temáticas re-
currentes que pueden ser pensadas como modos de ingreso alegóricos a sus obsesiones literarias; dos de ellas aparecen como artificios privilegiados por su insistencia: el
viaje y la temporalidad.

El viaje se inscribe como una metáfora nuclear, la búsqueda existencial, de la que se diseminan múltiples ramificaciones que se entrelazan con los temas centrales de sus relatos. Las circunstancias concretas en las que se lleve a cabo –sea en la lejanía espacial de la India o de la Lisboa atemporal de Pessoa, sea en la inminencia de la ciudad en la que habitan sus personajes– son irrelevantes:

> [...] todo era vivido como si fuese distinto y ocurriese muy lejos. África *era sólo un espacio del espíritu, algo imprevisible, un azar.*[1]

ése es el espacio en el que se mueve el auténtico viajero:

> Mi guía era un librito un poco excéntrico que daba consejos perfectamente incongruentes, y yo lo estaba siguiendo al pie de la letra. El hecho era que también mi viaje era perfectamente incongruente, así que aquel libro estaba hecho ex profeso para mí. No trataba al viajero como a un saqueador ávido de imágenes estereotipadas al que se aconsejan tres o cuatro itinerarios obligatorios como en los grandes museos visitados a toda prisa, sino como un ser vagabundo e ilógico, disponible para el ocio y el error.[2]

Esto también puede explicar que, más allá de la ambientación de sus narraciones, desde lugares remotos a la intimidad de la cercanía de las ciudades italianas, pasando por su Lisboa entrañable, no hay en su escritura ninguna concesión a la facilidad del pintoresquismo mimético.

La infancia y la muerte en tanto puntos de partida y de llegada del viaje existencial se inscriben como marcas emblemáticas en la obra de Antonio Tabucchi. La infancia

1. *El juego del revés*, Barcelona, Anagrama, 1986. Las bastardillas de las citas son mías, salvo observación en contrario.
2. "Los trenes que van a Madrás", en *Pequeños equívocos sin importancia*. Barcelona, Anagrama, 1987.

aparece como un motivo de la temporalidad en el que se entrelazan dos sentidos contradictorios. Por una parte, la infancia y los primeros años de la juventud emergen como épocas doradas, abiertas al futuro, portadoras del inefable patrimonio de la virtualidad potencial, sin la carga pesada de lo irremediablemente ocurrido, ese pasado es evocado con nostalgia en "Carta desde Casablanca" de *El juego del revés*, en "Pequeños equívocos sin importancia", en "Los archivos de Macao" de *Los volátiles del Beato Angélico*, "La trucha que se agita entre las piedras me recuerda tu vida" de *El ángel negro*. Pero, por otra, la infancia emerge como un espacio temporal inquietante, en la que ya está en ciernes la dificultad para entender el mundo y se vive la desazón que esto trae consigo. De esta manera, el lugar común que une infancia y libre imaginación creadora deriva a menudo en situaciones aberrantes como en "Las tardes de los sábados" en *El juego del revés*, "Los hechizos" en *Pequeños equívocos sin importancia*, "Nochevieja" en *El ángel negro*. Esa contradicción constitutiva de la evocación de la infancia se erige en la narrativa de Tabucchi como una constante que funda las diversas modalidades de representación del tiempo: la circularidad de "Cine" de *Pequeños equívocos sin importancia*, la sinuosidad de avances y retrocesos en "Noche, mar o distancia" de *El ángel negro*, los procesos de aceleración en *Piazza d'Italia*, o de detención en *Réquiem*, el trastorno de la lógica pasado-presente-futuro en "Pretérito compuesto. Tres cartas" de *Los volátiles del Beato Angélico*.

Además de las derivas que diseñan las contradicciones, la temporalidad tabucchiana exhibe, como los demás componentes de la existencia, una significación que relativiza toda univocidad, lo que implica que cualquier asedio a su interpretación no podrá ser otra cosa que una empresa destinada a la ambigüedad y al misterio.

La importancia de la muerte atraviesa la narrativa de Tabucchi desde su primera novela, *Piazza d'Italia*, en la que su ominosa presencia abre y cierra el relato hasta una de las últimas, *Sostiene Pereira*, que articula obsesivamente las vivencias del protagonista. Para Tabucchi "la muerte es la no presencia, la ausencia de una persona que existía, es algo imposible de comprender".[3] La muerte es concebida como la instancia que exhibe desaforadamente la finitud temporal de la existencia, de la que la desaparición es tan sólo una consecuencia menor; algunos de los personajes tabucchianos se rebelan ante lo inexorable y se comprometen en búsquedas que a los ojos de quienes los rodean aparecen como absurdas e inútiles: la investigación de Spino para conocer la identidad desconocida de un muerto en una Génova fantasmal en *La línea del horizonte*; el viaje de Roux que atraviesa la India persiguiendo los rastros de un amigo perdido; la persistencia de Pereira en sostener un diálogo con su esposa fallecida ya hace muchos años; la postura de Loton, el abogado de *La cabeza perdida de Damasceno Monteiro*, que expone algunos de los tópicos de Tabucchi acerca de la muerte:

> ¿Qué significa estar en contra de la muerte? [...] cada hombre es absolutamente indispensable para los demás y todos los demás son absolutamente indispensables para cada uno [...] y todos son entidades humanamente concomitantes a él, cada hombre es la raíz del ser humano [...] repito, el ser humano es el punto de referencia para el hombre [...] la afirmación deontológica está en su origen dirigida contra la negación del hombre, por lo tanto, es propio del hombre su estar contra la muerte, pero puesto que el hombre no tiene experiencia de su propia muerte, sino únicamente de la muerte ajena, a partir de la cual sólo por reflejo puede imaginar y temer la suya propia [...] y de todos es el fundamento último y la condición infranqueáble de toda ética humana.[4]

Estas pequeñas gestas utópicas nos acercan a otro de los motivos dominantes de la narrativa de Tabucchi, el de

3. "Equivoci senza importanza", en *Mondo Operaio*, 12, 1985.
4. *La cabeza perdida de Damasceno Monteiro*, Barcelona, Anagrama, 1997.

la memoria que, íntimamente unida a la nostalgia, configura uno de los ejes nodales de su poética:

> Las luces volvieron a apagarse, quedó tan sólo la bombilla azul, era de noche, estaba entrando en Portugal como tantas otras veces en mi vida, Maria do Carmo había muerto, notaba una sensación extraña, como si desde lo alto me estuviese contemplando a mí mismo que, en una noche de julio, en un compartimiento de un tren casi a oscuras, estaba entrando en un país extranjero para ir a ver a una mujer que conocía bien y que había muerto. Era una sensación inédita y se me ocurrió pensar que tenía algo que ver con el revés.[5]

Este fragmento da a leer la preocupación, compartida por casi todos los personajes protagónicos, de sus relatos por la inexorabilidad temporal y el desvelo por el pasado; la indagación en el tiempo, como fisura privilegiada para internarse en el mundo del revés; el pasaje al otro lado se inscribe en itinerario obligado para comprender el presente. Este gesto conduce casi irremediablemente a otro: la imposibilidad de discernir la íntima fusión que en el espacio de la memoria se produce entre el pasado y el presente, fusión que, asimismo, anuncia y conlleva otras contaminaciones:

– la memoria que no puede distinguir entre lo vivido y lo imaginado:

> También yo hablo de equívocos, pero no creo amarlos; soy más bien propenso a descubrirlos. Malentendidos, dudas comprensiones tardías, inútiles lamentaciones, recuerdos tal vez engañosos, errores tontos e irremediables: las cosas fuera de lugar ejercen sobre mí una atracción irresistible, casi como si fuera una vocación, una especie de pobre estigma desprovisto de sublimidad. Saber que se trata de una atracción recíproca no me sirve precisamente de consuelo. Podría consolarme la convicción de que la

5. *El juego del revés*, ob. cit.

existencia es equívoca por sí misma y que nos distribuye equívocos a todos, pero creo que sería un axioma, tal vez presuntuoso, no muy distinto de la metáfora barroca.[6]

- el pasado evocado por la memoria que reaparece configurado de acuerdo con falsos materiales:

Por esos azares que tiene la vida, uno puede encontrarse durmiendo en el hotel Zuari. Lo cual, en el momento mismo, podrá parecer una experiencia no demasiado afortunada; pero en el recuerdo, como siempre en los recuerdos, depurada de las sensaciones físicas inmediatas, de los olores, del color, de la contemplación de aquel bichito bajo el lavabo, la circunstancia asume la vaguedad que mejora la imagen. La realidad pasada es siempre menos mala de lo que fue efectivamente: *la memoria es una formidable falsaria*. Se producen contaminaciones, incluso sin querer. Hoteles así habitaban ya nuestro universo imaginario: los hemos encontrado en los libros de Conrad o de Maugham, en alguna película americana extraída de las novelas de Kipling o de Bromfield: nos parecen casi familiares.[7]

- a menudo los territorios del sueño y de la memoria se presentan como indiscernibles:

Rita llegó con la bandeja. Era una trucha asalmonada hervida, con zanahorias y patatas de guarnición. Ella se sirvió con abundancia, él tomó un trozo pequeño. Eres una poetisa hambrienta, hermosa rubia, pensó, eres una poetisa hambrienta. Estaba buena la trucha. La saboreó y se sirvió otro trocito. Dios mío cuánto tiempo ha pasado. Sintió todo el peso del tiempo. ¿Cuánto tiempo había pasado?, pero ¿desde cuándo? Desde que la trucha se agitaba entre las piedras. Y ahora de todo aquello que había sido quedaba tan sólo una trucha hervida delante de él, y él sentía que era un buen plato.[8]

6. *La Dama de Porto Pim*, Barcelona, Anagrama,1984.

7. *Nocturno hindú*, Barcelona, Anagrama, 1985.

8. "La trucha que se agita entre las piedras me recuerda tu vida", en *El ángel negro*, Barcelona, Anagrama, 1993.

A pesar de todas esas asechanzas hay en su narrativa una exigencia de defensa y valoración de la memoria como último refugio de la identidad:

> Lina,
> no sé por qué empiezo esta carta hablándote de una palmera, después de dieciocho años sin saber nada de mí. Quizá porque aquí hay muchas palmeras, las que veo desde la ventana de este hospital bajo el viento tórrido meciendo sus largos brazos a lo largo de los paseos ardientes que se pierden hacia el blanco, frente a nuestra casa, cuando éramos niños, había una palmera. Quizá tú no la recuerdes porque fue abatida, si la memoria no me engaña, el año que ocurrió aquello, o sea el cincuenta y tres, creo que fue en verano, yo tenía diez años. Nosotros tuvimos una infancia feliz, Lina, tú no puedes recordarla y nadie ha podido contarte nada, la tía con la que creciste no puede saberlo, sí, claro, puede decirte algo de papá y mamá, pero no puede describirte una infancia que ella no conoció y que tú no recuerdas.[9]

reponer la memoria del otro, deslizar desde las propias vivencias los recuerdos que son constitutivos de la identidad de quien recibe el relato es una tarea ineludible y esencial que se configura como una respuesta laica a la muerte, alternativa de la idea cristiana de resurrección del alma; es tan fuerte esta concepción en Tabucchi que alcanza a un católico convencido como Pereira que, saliendo del molde de su vida cómoda y reparada, se anima a desafiar la brutal dictadura de Salazar con el objetivo de honrar la memoria de su amigo asesinado.

De todos modos este aspecto positivo, el de la memoria en términos de voluntad de rescate del pasado por el recuerdo, no siempre implica que las consecuencias de ese conocimiento sean las mismas. Algunos de los protagonistas de los relatos de Tabucchi hacen el recuento de sus vidas movidos por la insatisfacción o el remordimiento por

9. *El juego del revés*. ob. cit.

alguna circunstancia, como se va entreviendo a medida que avanza la narración de *La línea del horizonte* y Spino junto con la indagación de la identidad de Carlo Nobodi descubre inquietantes rugosidades en la piel de las máscaras con las que ha ido encubriendo su pasado; otros intentan reconstruir lo vivido apelando al desvío que le otorga una *remake* de una película en la que se repite un encuentro con su amada en la realidad y en el guión cinematográfico en "Cine" de *Pequeños equívocos sin importancia*, el intento está tan cargado de retórica desgastada que desde el primer momento tiene un destino inevitable de fracaso, el lector asiste al doble deterioro de los personajes, el que es producto del paso de los años y el de la grieta que escinde la realidad de la ficción que sólo tienen un ilusorio punto de contacto en el denso maquillaje que recubre sus rostros.

La memoria también suele ir articulando formas de encierro que van ciñendo sus muros hasta estrechar a los que quedan atrapados entre sus límites, incluso aquéllos que en su existencia detentan el mayor grado de poder:

Don Pedro, como se ha visto, era hombre de avaras palabras y de firme carácter: al día siguiente un bando austero anunciaba en todo el reino una gran fiesta popular, la coronación de una reina, un solemne viaje de novios, entre dos hileras de multitud exultante, desde Coimbra hasta Alcobaça. Doña Inés fue exhumada de su tumba. El cronista no revela si era ya un esqueleto desnudo o todavía en descomposición. Fue vestida de blanco, coronada y colocada en la carroza real descubierta, a la derecha del rey. Los conducía una pareja de caballos blancos con grandes penachos coloreados. Cascabeles de plata en los hocicos de las bestias difundían a cada paso un sonido agudo. La multitud, como se había ordenado, se dispuso en hilera a ambos lados del cortejo nupcial, y conjugaba reverencias de súbditos y repugnancia. Soy propenso a creer que don Pedro, indiferente a las apariencias, de las que lo defendían, por otra parte, los resortes de su poderosa imaginación, estuvo seguro de viajar no con el cadáver de su antigua amada, sino con ella de verdad, antes de que murie-

ra. Se podría sostener que él estaba sustancialmente loco,
pero sería una evidente simplificación.[10]

Réquiem puede ser leído como una suma del entrecruzamiento insistente de varios de estos motivos: la memoria, el recuento existencial, la imposibilidad de distinguir
los límites entre el presente vívido y el pasado evocado en
el recuerdo, el diálogo con la permanencia de los muertos
que han signado de alguna manera la vida de los personajes. La novela es una travesía en la que se reflexiona sobre
la imposibilidad de conocer la realidad en términos de certezas firmes, nuestros saberes aparecen cribados por fisuras por donde se cuelan lánguidamente todas las certi-
dumbres, el sujeto se desvanece en tanto que conciencia
poseedora de la capacidad de constituir una coherencia
unificadora. Los interrogantes que se abren ante la vacilación de las certezas quedan sin resolverse. Si en el relato
se atraviesan los límites más extremos de la temporalidad,
los de la vida y de la muerte y, a pesar de todo, no se pueden alcanzar respuestas, el lector se enfrenta con la perplejidad de las carencias del conocimiento. Los enigmas
que el yo narrador va exponiendo se refieren a acontecimientos para él inexplicables, lo que exhibe su imposibilidad de encontrar parámetros que le permitan conocer la
realidad. Su inseguridad lo obliga a apelar al saber de los
muertos, pero no obtiene ninguna explicación y queda
apresado entonces en su interpretación vacilante, frag-
mentaria, subjetiva. Al no haber una versión definitiva de
la realidad ni siquiera los muertos pueden avalar ningún
saber sobre el mundo. A todo ello hay que sumarle otra
vuelta de tuerca, cuando el narrador desmonta las convicciones en torno de las distinciones entre ficción y realidad:

> Eran noches solitarias, la casa en invierno quedaba en-
> vuelta en la densa niebla, los amigos estaban en Lisboa y
> no venían, no había nadie que apareciera o que llamara

10. "El amor de don Pedro", en *Los volátiles del Beato Angélico*. Barcelona,
Anagrama, 1991.

por teléfono, yo me dedicaba a escribir y me preguntaba a
mí mismo por qué escribía, mi historia era una historia
disparatada, una historia sin solución ¿cómo se me había
ocurrido escribir una historia así?, ¿cómo es que seguía
escribiéndola? Peor aún, aquella historia estaba cambian-
do mi vida, la había cambiado ya, después de haberla escrito mi vida no volvería a ser la misma. Eso era lo que me
decía a mí mismo, encerrado allá arriba para escribir
aquella historia disparatada, una historia que alguien después imitaría en la vida, transfiriéndola al plano real; y yo
no lo sabía pero me lo imaginaba, no sé por qué suponía
que no se deben escribir historias así, como aquélla, porque siempre hay alguien que después imita la ficción, que
consigue que se haga verdadera. Y así fue, efectivamente.
Aquel mismo año alguien imitó mi historia o, mejor dicho,
la historia se encarnó, se transustanció y yo tuve que vivir
aquella disparatada historia una segunda vez, pero esta
vez en serio, esta vez las figuras que atravesaban aquella
historia no eran figuras de papel, eran figuras de carne y
hueso, esta vez el desarrollo, la sucesión de mi historia, se
desenvolvía día tras día, yo iba siguiéndola en el calendario, hasta podía preverla.[11]

Si se trastrueca el paradigma que sostiene buena parte
de nuestra identidad, si no es la literatura una representación que copia a la vida sino que la vida copia a la literatura, sólo queda interrogarse sobre la entidad de lo verdadero. Entonces el viaje, la alegoría existencial de Tabucchi, es una navegación por los complicados meandros de
la temporalidad, cada narración diseña una carta de itinerario que no reconoce los lugares comunes de la lineali-
dad, que hace estallar las fáciles convicciones que discri-
minan rígidas tipologías en las que se categoriza con ur-
gencia la parcelación de la existencia en términos de pre-
sente/pasado, imaginación/realidad, sueño/vigilia:

De aquella jornada Firmino habría de recordar después las sensaciones físicas, concretas y a la vez casi ex-
trañas, como si no le concernieran, como si una película

11. *Réquiem*, Barcelona, Anagrama, 1994.

protectora lo aislara en una especie de duermevela en la
cual las informaciones de los sentidos son registradas por
la conciencia, pero el cerebro no es capaz de elaborarlas
racionalmente y permanecen fluctuando como vagos es-
tados de ánimo...[12]

2. VARIACIONES EN TORNO DE *NOCTURNO HINDÚ*

En *Palimspestos*[13] Gerard Genette estudia las relaciones
que el todo configurado por el texto propiamente dicho
mantiene con lo que llama su paratexto, es decir, con títulos, subtítulos, intertítulos, prefacios, epílogos, advertencias, notas al margen, notas finales, epígrafes, ilustraciones, fajas, sobrecubiertas y otros tipos de señales acceso-
rias que hacen el entorno variable al texto y que lo asedian
desde los márgenes de la lectura. Este asedio tiene en general una función aclaratoria, informativa y, con más frecuencia de lo que sería deseable, se constituye en una instancia que sugiere y/o controla la interpretación; en cualquier caso tales señales tienen o pretenden aportar una explicación anticipatoria. En la narrativa de Antonio Tabucchi, los paratextos trastornan su funcionalidad, desbordan
los bordes, aunque en una primera lectura parecen cum-
plir con las reglas del género, al entrar en contacto con el
texto abren un espacio de ambigüedad significativa que
desliza lábilmente el sentido hacia la incertidumbre.

En *Nocturno hindú* la "Nota" que se da a leer en la página siguiente al epígrafe de Maurice Blanchot, y que antecede a "Un índice de los lugares de este libro", es, si pensamos en la primera versión de lectura, una nota aclaratoria, pero a medida que se avanza en la narración va
abriéndose a una multiplicidad de posibilidades que des-
montan la simple literalidad inicial.

Este libro, además del insomnio, es un viaje. El insomnio corresponde a quien ha escrito el libro, el viaje a quien

---

12. *La cabeza perdida de Damasceno Monteiro*, ob. cit.
13. Gerard Genette, *Palimpsestos*, Madrid, Alfaguara, 1989.

lo hizo. Sin embargo, dado que también yo tuve ocasión de recorrer los mismos lugares recorridos por el protagonista de esta historia, me ha parecido oportuno presentar un breve índice de los mismos; no sé muy bien si llevado a ello por la ilusión de que un repertorio topográfico, con la fuerza que posee la realidad, ayudaría a alumbrar este Nocturno en el que se busca una Sombra, o por la irrazonable conjetura de que algún amante de itinerarios incongruentes pudiese un día utilizarlo como guía.[14]

Es posible pensar una primera analogía con *Las Meninas*, que evoca la referencia que el mismo Tabucchi hace del cuadro de Velázquez en el cuento "El juego del revés".[15]

En la pintura de Velázquez el pintor ocupa un lugar equiparable con el sujeto de una acción verbal ya que contempla, fija, profiere, está presente de cuerpo entero, pero el espectador ve un doble, por lo tanto el "cuadro" representa una configuración del orden simbólico. El espectador atrapado en la mirada que mira la mirada del pintor es instigado a decir "aquí el enunciador intenta determinar su lugar". Pero la paradoja reside en que el pintor que pinta al pintor del cuadro es invisible. *Las Meninas* está atravesado por una voluntad de saber que incorpora en la representación la dimensión de lo excluido. El cuadro es un texto marcado, denunciado por el emisor que, a su vez, como espectador debe desplazarse constantemente de ese punto de divergencia que su representación constituye, el lugar vacío del que mira, surge entonces la tensión entre lo visible y lo invisible entre el que pinta y el que contem-

14. *Nocturno hindú*, ob. cit.
15. Esta analogía integra una constelación proliferante que abre la relación entre "El juego del revés" y *Nocturno hindú* a innumerables deslizamientos. El "revés" en principio está atrayendo la imagen invertida del espejo y con ello el doble, en el cuento el narrador recibe una carta con un mensaje cifrado: "Sobre una página en blanco estaba escrita, en letras mayúsculas y sin acentos, la palabra SEVER". Al doble implicado y a la inversión especular que lleva a cabo el personaje para leer *revés*, se agregan la carta y el enigma, además de esta clave posible se abre la interpretación al sentido en francés de *rêves*, lo que implica la traducción. Un verdadero inventario de los motivos desplegados en la novela.

pla. En la "Nota", firmada por A.T., de *Nocturno hindú* este proceso se desliza a la relación entre el que escribe y el que lee. En ella, se dice –las primeras frases son impersonales–, hay una duplicidad y por tanto una diferencia; alguien ha escrito un relato en el que otro es protagonista de un viaje. Pero el doble se disemina ya que luego un yo dice que además de escribir ha viajado, de lo que se puede inferir una vacilación que compromete la seguridad inicial en torno de que el "yo" es quien ha escrito y el "él" es quien ha viajado; más abajo hay un anuncio sutilmente referido a un tercero que no es ni el viajero ni el escritor sino "algún amante de itinerarios incongruentes" que llevase a cabo "irrazonables conjeturas" y utilizase el relato "como guía"; ese tercero no puede ser más que el lector. Todo ello agravado porque el "él" que ha viajado se dice yo en la narración, la duplicación es un injerto proliferante. El relato que narra una búsqueda va instalando un enigma que no se cierra con su develamiento sino que es una inversión continua semejante a uno de los dibujos de Escher. La explicación de la "Nota", entonces, se complica en la trama, esta complicación está apoyada ante todo en el lugar que ocupa, es decir el marco, que se problematiza en el principio y en el final de la narración.

En el primer capítulo de la novela el narrador confronta sus vivencias mientras atraviesa un barrio de Bombay con el conocimiento que tenía de él a través de fotografías.

> El "Barrio de las Jaulas" era mucho peor de lo que me había imaginado. Lo conocía a través de algunas fotos de un fotógrafo famoso y creía estar preparado para la miseria humana, pero las fotografías reducen lo visible a un rectángulo. Lo visible sin marco siempre es algo distinto. Y además lo visible en este caso tenía un olor demasiado fuerte.

y en el capítulo final, mientras le reseña el argumento de una novela, supuestamente inconclusa, a la autora de las fotografías del principio, a quien ha conocido en el curso de su viaje, repite tres veces la palabra "marco":

"Hace tiempo me conocía, supongamos que hayamos sido grandes amigos, hace años. Pero esto sucedía hace mucho tiempo, fuera del marco del libro."

[...] "Lamentablemente no", continué, "porque también ellas quedan fuera del marco, no pertenecen a la historia".

"Buf", dijo Christine, "en este libro todo queda fuera. ¿Me puede decir qué hay dentro del marco?".

Esta problemática del marco –que no puede dejar de leerse como una reflexión metatextual relacionada con la propia composición de la novela, ante todo porque la intriga parece desplegar, invertir, desplazar, desmontar lo anunciado en la "Nota" y, luego, y no menos importante, porque ocupa el espacio físico del marco, recorta la narración en el principio y en el final, es decir, de la distinción entre el interior y el exterior y, por lo tanto, de la inscripción del margen– es decisiva para la interpretación en general.[16]

La culminación de la intriga en *Nocturno hindú* implica un desmontaje de las condiciones de posibilidad a partir de las cuales se construye la narrativa policial. Desde la formulación de sus reglas por Edgar Allan Poe este géne-

16. Jacques Derrida, en *La Vérité en peinture* (Paris, Flammarion, 1978), retoma el concepto de "parergon" que Kant maneja en *Crítica del juicio* y lo define en estos términos: "Incluso lo que se denomina *ornamentación (parerga)*, esto es, lo que sólo es un adjunto y no un constituyente intrínseco en la representación completa de un objeto, al aumentar el placer del gusto, lo hace así únicamente por medio de su forma. Así sucede con los marcos de los cuadros o los ropajes en estatuas, o las columnatas de palacios". Para Derrida los ejemplos a los que recurre Kant son sugerentes pero extraños. El ejemplo de las columnas señala que la distinción no puede fundamentar ningún criterio decisivo, puesto que el palacio se sostiene sobre sus columnas. Antes bien, los ejemplos del marco del cuadro, las columnas y el ropaje estarían indicando un espacio fronterizo entre el texto y el contexto. El *parergon* tiene un espesor, una superficie que lo separa no sólo desde el interior, desde el cuerpo del propio *ergon*, el texto, sino también desde el exterior, desde la pared en la que se cuelga el cuadro o la fotografía, el espacio en el que se sitúa la estatua o la columna, tanto como desde la totalidad del campo de inscripción histórico, económico y político en el cual emerge el lugar de la firma. De todo esto se puede desprender que la cuestión del marco en términos de margen y por la cuestión de la inscripción de la firma tiene una importancia decisiva en la reflexión sobre la novela de Tabucchi.

ro se despliega narrativamente en el juego que se produce entre dos instancias; la historia que da origen al relato se convierte en objeto de una intensa actividad inquisitiva por parte de otra historia. El enigma se presenta en la historia objeto y el develamiento se lleva a cabo en la metahistoria. El relato policial puede ser leído como un modelo paradigmático de metanarración. La explicación del enigma, es decir, la reposición de los hilos de la trama que aparecían como desconocidos impidiendo la argumentación, se configura en la interrelación entre los dos niveles; el desciframiento implica que el orden y el equilibrio ausentes en el desarrollo de la intriga quedan restablecidos.

La búsqueda de sentido fuera del lugar común convierte al género policial en un espacio alegórico para exponer problemas epistemológicos. Es esta característica distintiva del género la que Tabucchi atrae a la escena de su escritura. En *Nocturno hindú* el entrecruzamiento de las dos instancias narrativas se trastorna y eclipsa, las aperturas que aparecen en la metahistoria son siempre de carácter conjetural, cuando no ambiguo, por sus elipsis y confusiones la historia objeto queda cribada, desmontada de toda coherencia interpretativa que la reduzca a la univocidad.

El viajero que busca a su amigo perdido en la India, que persigue el secreto de su desaparición, va deslizando la construcción del enigma a su propia identidad. El detective, entonces, que está investigando a tientas las claves, las piezas perdidas y cómo componerlas en su totalidad, se constituye él mismo en enigma. Así la búsqueda epistemológica empieza a girar sobre un fondo vacío, el juego se hace infinito. Las tentativas del viajero-detective resultan ser meras conjeturas que, en la práctica, o no tienen solución alguna o se cumplen al revés. Sin la firmeza de un apoyo trascendental no es posible establecer ninguna jerarquía que tenga visos de verosimilitud. En este mundo aepistemológico las conjeturas tienen idéntico valor, esto, por supuesto, es escandaloso, pero Tabucchi hace, además, su apuesta y, por motivos literarios, privilegia las posibilidades más excéntricas y absurdas, que subvierten el sentido común. Y a partir de ese gesto pone en escena el desmontaje de las expectativas que el lector había previsto a partir de los primeros movimientos de la intriga.[17]

Las conjeturas se configuran a la manera de juegos, tal como Ludwig Wittgenstein piensa este concepto.[18] Los juegos son construcciones que tienen sus propias reglas, perspectivas y lógicas; las inferencias o los puntos de vista plausibles en uno son rechazados en otro, pasar de uno a otro significa dar un salto en la articulación de los datos. En el texto se abren huecos, abismos; en rigor, la narración se convierte en un collage cubista –en el último capítulo de la novela se repite la frase *Méfiez-vous des morceaux choisis*, que se puede pensar como una cifra de las operaciones de lectura que se desbaratan unas a otras en la búsqueda de una única respuesta a los enigmas de la intriga– que escamotea, simula y disimula el fondo, de lo que es en último término una trama sin fondo.

Tabucchi hace explotar la densa trabazón de sus narraciones que se intersectan con los puntos de fuga que comprometen los diversos niveles de coherencia en los que parecen fundarse. El mencionado collage cubista de juegos y de conjeturas ofrece otra variante: la idea de ramificación perpetua de la historia hasta el infinito. De todos modos, la cuestión puede ser planteada en términos más comple-

17. Al reflexionar sobre el género policial, Ricardo Piglia expone algunas características que pueden resultar productivas al relacionarlas con *Nocturno hindú*: "En más de un sentido el crítico es el investigador y el escritor es el criminal. Se podría pensar que la novela policial es la gran forma ficcional de la crítica literaria. O una utilización magistral por Edgar Allan Poe de las posibilidades narrativas de la crítica. La representación paranoica del escritor como delincuente que borra sus huellas y cifra sus crímenes perseguido por el crítico, descifrador de enigmas. La primera escena del género en «Los crímenes de la calle Morgue» sucede en una librería donde Dupin y el narrador coinciden en la busca del mismo texto inhallable y extraño. Dupin es un modelo del crítico literario trasladado al mundo del delito. Dupin trabaja con el complot, la sospecha, la doble vida, la conspiración, el secreto: todas las representaciones alucinantes y persecutorias que el escritor se hace del mundo literario con sus rivales y sus cómplices, sus sociedades secretas y sus espías, con sus envidias, sus enemistades y sus robos". En *Crítica y ficción*, Buenos Aires, Siglo Veinte, 1990.

18. Véase *Philosophical Investigations*, Nueva York, MacMillan, 1953.

jos; además de la historia, la metahistoria y el entramado
del collage cubista, la narración tiende a focalizar su sentido sobre el juego narrativo propiamente dicho. Tabucchi
niega al lector la posibilidad de escoger una línea o una sola versión del relato potencialmente infinito, y escenifica
simultáneamente más de una de las posibilidades virtua-
les del género; la secuencia textual traza en *Nocturno hindú* un mapa parcial de las infinitas probabilidades combi-
natorias y de realización del mismo. La cuestión de la realidad engañosa sobre la que convergen las reflexiones del
protagonista hacia el final de la novela, en particular cen-
tradas sobre lo fidedigno de la fotografía, implica una in-
negable reflexión metatextual en la que se cruzan el marco, la imposibilidad de reponer la referencia sin trastor-
narla y la multiplicidad de sentidos que supone toda representación.

Aunque siempre participa al menos en un género, un
texto no pertenece a ningún género, porque el marco que
señala su pertenencia no participa de los rasgos que defi-
nen la pertenencia. La "Nota" no forma parte de los géneros que pretende anunciar o, por lo menos, induce a leer,
por lo tanto, cuando en el proceso de lectura aparece la
paradoja, ésta no es más que el agravamiento de otra paradoja inscripta en todo encuadre, que puede verse como
una maquinación, una imposición interpretativa que restringe un texto mediante la imposición de límites. Pero, por
otra parte, el encuadre genérico es inevitable, por lo tanto,
el trabajo de desconstrucción que la escritura de Tabucchi
da a leer en *Nocturno hindú* tiende a plantear un alejamiento de la ley del género y a alentar la proliferación de
sentido. El enigma se va tejiendo alentado por los supues-
tos del lector que cree poder entenderlo todo.[19] Pero a medida que va avanzando la intriga, el enigma se va trastor-

19. En *Ciudad de cristal*, Paul Auster también establece una íntima relación entre el género policial y la autorreferencialidad metatextual que
éste posibilita: "El detective es quien mira, quien escucha, quien se mueve por ese embrollo de objetos y sucesos en busca del pensamiento, la
idea que una todo y le dé sentido. En efecto, el escritor y el detective son
intercambiables. El lector ve el mundo a través de los ojos del detective,
experimentando la proliferación de sus detalles como si fueran nuevos"

nando en un prisma de múltiples facetas, el relato que el narrador hace a la fotógrafa se superpone con la historia que desde el principio parece elaborar la novela:

> La esencia es que en este libro yo soy alguien que se pierde en la India, digámoslo así. Hay otro que me está buscando, pero yo no tengo ninguna intención en dejar que me encuentre. Lo he visto llegar, lo he seguido día tras día, podrá decir. Conozco sus preferencias y sus intoleran-cias, sus arrebatos y sus resquemores, sus generosidades y sus miedos. Le tengo prácticamente bajo control. Él, en cambio, de mí apenas sabe nada. Tiene alguna pista vaga: una carta, testimonios confusos o reticentes, una nota muy genérica: señales, fragmentos que intenta laboriosa-mente hacer encajar.[20]

Esta secuencia desbarata las fingidas seguridades de la diferencia planteada en la "Nota"; se abre entonces el inte-rrogante acerca de la escisión entre el sujeto y las formas aparentes del mundo, en una perspectiva literaria que re-mite a su poética marcada por la impronta de Pessoa, por una parte, y en un plano todavía más general se plantean las condiciones de posibilidad del sentido, la deriva de una inserción entre el sujeto y sí mismo, entre los dos yo que el lenguaje separa. A este injerto lo podemos llamar *el guiz-zo*[21] aprovechando la proximidad fónica entre palabras de la lengua española y la italiana, tomando el préstamo de Italo Calvino que designa con ella un cierto juego de la luz: un rayo de sol reflejado en las escamas plateadas de un pez pequeño que salta fuera del agua. A partir de ahí, lo generaliza como una denominación metafórica para desig-nar cualquier ocurrencia de ruptura, en tanto que genera-

---

(Trilogía de Nueva York, Barcelona, Anagrama, 1996). Es indudable que la lectura de Auster del género policial como alegoría de la escritura lite-raria difiere de la de Piglia y, según creo, se acerca más a la de Tabucchi, en especial porque su comparación es analógica con el dispositivo de re-presentación de *Las Meninas*.

20. *Nocturno hindú*, ob. cit.

21. A. J. Greimas (en *De la imperfección*, México, FCE, 1990) también re-curre a este término de Calvino.

dora de proliferación de sentidos, en el devenir de las cosas. Esta ruptura puede ser el pasaje a otra dimensión espacio-temporal que coexiste con la que hemos imaginado desde siempre como única en la narrativa de Julio Cortázar, o el desdoblamiento de Jorge Luis Borges por él mismo, o la simple irrupción del silencio asociada a la inmovilidad de los recuerdos que asedia la palabra poética en los textos de Héctor Freire, es decir, fracturas que atraviesan el flujo de continuidades, fracturas que exhiben una suspensión inesperada de las seguridades acerca del devenir temporal. Esta vacilación que se produce en las convicciones que fundamentan nuestra percepción del mundo por la insólita aparición de ciertas configuraciones capaces de sacar al sujeto más allá de sí es lo que permite que la escritura de Tabucchi junto con la paradoja ilumine la mirada al trastornar la repetición del orden abriendo paso a una significación alternativa a la rigidez monótona de la repetición ratificadora. Como si el lector a través de esa diseminación del doble que se repite indefinidamente, a la manera de una puesta en abismo, encontrase su doble, el otro y el mismo, actualizado frente a sí.

Hay, esto es más que evidente, un primer y obvio destinatario de esta ambigüedad estética, la ideología de la comunicabilidad total que articula casi la totalidad de los discursos massmediáticos, con su pretensión de borradura del imaginario en un mundo que se pretende construir como representación pura, esto es, transparencia cero. Es decir, una industria cultural que en el límite postula la posibilidad de la desaparición de la opacidad de las representaciones para dar lugar a la ilusión de la emergencia de los hechos mismos, contradiciendo toda alteridad, erigiéndose en lo virtual que suplanta el mundo por analogía inmediata e indiscernible.

Es ese desdoblamiento del yo, entre el viajero y el escritor, entre el que busca y el buscado, que se desliza a todos los niveles del texto –el número dos se repite insistentemente en el curso de todo el relato, hasta saturar la mirada lectora– apareciendo como un conjunto de variaciones de un fenómeno mucho más amplio y general que alude a la aprehensión del sentido que implica toda actividad de construcción semiótica frente al mundo referencial. Tan sólo un vacío sustancial puede predicarse del "yo originario" desde que si existe como entidad se instala junto a las manifestaciones contingentes del "yo visible", apenas en la posición de mero presupuesto, no directa ni reflejada obligadamente por los discursos a los cuales da origen, y por esa misma causa la posibilidad de que el propio sujeto desenmascare su "verdadera identidad" frente al otro también lo excede.[22]

En una de las etapas del viaje, el narrador se encuentra con un muchacho que lleva sobre su hombro a un contrahecho, una especie de monstruo –la literalidad se abre a lo dimensión de lo extraño– que tiene funciones de adivino, ante la inquisición por el protagonista se produce el siguiente diálogo:

"¿Entonces?", pregunté, "¿puedo saberlo?".
"Lo siento", dijo él, "dice mi hermano que no es posible, tú eres el otro".
El chiquillo se dirigió nuevamente a su hermano y éste le respondió brevemente. "Esto no importa", me trasmitió el chiquillo, "es sólo *maya*".
"¿Y qué quiere decir *maya*?"
"Es la apariencia del mundo", respondió el chiquillo, "pero es sólo ilusión, lo que cuenta es el *atma*". Luego pareció querer asegurarse con el hermano y me confirmó con convicción: "Lo que cuenta es el *atma*".
"¿Y qué es el *atma*?"
Al chiquillo lo hizo sonreír mi ignorancia. *"The soul"*, dijo, "el alma individual".[23]

Las imágenes contingentes y parciales de lo que el yo es, los modos de significar, cualesquiera que sean, a través de los cuales pretende conocerse o hacerse conocer con la mayor precisión posible, dan como resultado la con-

22. Veáse Eric Landowski, "El semiótico y su doble", en *SyC*, 7, Buenos Aires, setiembre de 1996.
23. *Nocturno hindú*, ob. cit.

figuración de otras formas contingentes de su parecer, que
contradicen la inmanencia de su identidad presupuesta.
El fragmento permite, además, pensar en las operaciones
de pasaje y traducción en un texto en el que las citas de
diversas lenguas son muy frecuentes y en el que, además,
el nombre del protagonista ("Roux") se dice en inglés
"Nightingale", en portugués "Rouxinol", y se lo menciona
como el "Ruiseñor italiano". Desde el punto de vista de la
utópica equivalencia exacta, sea entre varios términos de
diversas lenguas o entre la palabra y el referente, el exceso o la falta no surgen como consecuencia del azar o de la
precariedad, al contrario, corresponden a la condición de
posibilidad fundante de la producción del sentido. La escritura de Tabucchi propone al ojo que lee la puesta en escena del mismo tipo de límite y de condicionamiento que
se impone en lo que se enuncia en relación con el registro
intersubjetivo del yo por el otro, extendiéndola a los procesos de reconocimiento reflexivo del sujeto. La representación más inmediata, la que requiere el menor grado de distancia, la que produce el reflejo especular, la aparición du-
plicada de nuestra mirada en el espejo aparece como una
instancia entre tantas otras, es decir, entre las de los otros
que nos miran. Esas múltiples instancias, la de nuestra
mirada en el espejo sobre nosotros mismos y las que nos
dirigen los otros, nos reenvían imágenes de nosotros mo-
deladas de acuerdo con criterios y categorías de configuración de la realidad cuya formulación queda más allá de
nuestro alcance. De este modo, cualquiera que fuese el objeto, y en particular el sujeto que mira, no hay ninguna posibilidad de acceso al ser si no es por la mediación del parecer, y en Tabucchi ese parecer siempre es un recorte,
una conjetura, un laberinto con muchas entradas y ninguna salida, una suerte de rompecabezas interminable, en
el que los fragmentos constituyen un número indetermi-
nado cuya suma nunca coincide con la totalidad.

Nocturno hindú parece configurarse en una contradicción progresiva entre la unidad y la totalidad. Una historia
que es el monograma de varias historias, un injerto múltiple en el que se encastran unas en las otras, una inserción

escondida y revelada inscripta en un molinete imposible
en el que todas las posiciones son sucesivas y simultáneas
a la vez. La escritura y cualquier otra forma de representación, "parece decir" Tabucchi, para acercarnos ya no a la
verdad última y unívoca de la realidad sino al menos a las
cercanías de alguna certeza, tiene un único camino interminable, el de la lectura atenta de las formas que presentan sus simulacros, sin descartar ninguno, incluso aquellos que en su precariedad y simpleza se autodenominan
fieles a lo real.

Buenos Aires, Coghlan, setiembre de 1998

TODO ES UNA PELÍCULA
La letra y la cámara en "Cine"

Héctor J. Freire

> *El cine es una gran fábrica de ilusiones como lo es la*
> *literatura. El cine es narrativo, es narración visualizada.*
>
> *La narratología no me interesa, el cine, en cambio, sí.*
>
> *El cine me interesa como articulación narrativa de*
> *una historia, precisamente porque yo soy un narrador.*
>
> ANTONIO TABUCCHI

CINE-LITERATURA

Desde aquella versión de la obra de Émile Zola que en 1902 hiciera Ferdinand Zecca para su film *Víctimas del alcohol*, o desde la adaptación teatralizada de la novela de Julio Verne *Veinte mil leguas de viaje submarino* efectuada por Georges Mélies en 1907, pasando por David Wark Griffith y Sergei Eisenstein (momento en el que el cine –invento de los hermanos Lumière– corta las amarras con su reciente pasado teatral y literario) hasta las más actuales absorciones literarias hechas por el cine, se ha recorrido el siglo. En esta relación muchos críticos suelen decir que ambos discursos se han enriquecido, y que la literatura, en especial la novela, ha prestado al cine su condición de relato narrativo, y el cine ha cedido a la literatura parte de sus elementos sintácticos (fundidos, montaje, flash-back, plano-secuencia, etc.). El cine ha contribuido también a la transformación formal de la novela, sus crisis y sus vanguardias.

De ahí que estos dos discursos paralelos tienen más de fraternidad que de subordinación. Sin embargo, la forma artística dominante del siglo XX no es en absoluto la literatura, ni siquiera el teatro, la pintura o la música, sino el único arte nuevo e históricamente único inventado en este siglo: el cine, o sea, la primera forma de arte marcadamente medial.

El cine comienza pidiendo permiso, sobre todo a la literatura, y contando con tal prestigioso aval entra en los dominios del arte y llega a ser el último de ellos, precisamente, "el séptimo". Es el más totalizador, es no sólo literatura sino también plástica, música, fotografía, teatro. Y, como toda totalidad, no puede ser reducido a ninguna de sus partes. Tampoco es la suma de todas ellas. El cine como totalidad es algo distinto de la suma de sus partes. Con respecto a su relación con la literatura, tuvo dos formas de acercarse: una "servil" y la otra "creativa". La primera, que tiene que ver con el "invento cine", mantiene frente a la literatura una actitud obsecuente que confunde con respeto. La segunda, la que da origen al discurso cinematográfico, conserva del texto literario lo que Umberto Eco denomina "homologías de estructura" entre fenómenos pertenecientes a distintos órdenes y, sin embargo, descriptibles e interpretables; la homología se presenta únicamente porque para describir e interpretar los diversos fenómenos se recurre al convencionalismo de ciertos módulos descriptivos que permiten su determinación. En la relación entre el cine y el relato de Tabucchi "Cine" puede pensarse al menos en una especie de homología estructural sobre la que se puede investigar, dado que ambos son artes de acción. Que después esta acción –la relación que se establece entre una serie de acontecimientos, un desarrollo de hechos reducido a una estructura de base– en el relato de Tabucchi sea "narrada" y en el cine "representada", no invalida el hecho de que en ambos casos se estructure una acción aunque sea con medios distintos.

El tratamiento de la temporalidad que el cine introduce ha producido efectos, no sólo en la narrativa de Tabucchi sino en toda la cultura contemporánea: ha propuesto de una forma tan violenta un nuevo modo de entender la sucesión, la contemporaneidad y la simultaneidad de los acontecimientos que incluso todas las demás artes se han contaminado ante esta provocación.

Tal vez fue Sergei Eisenstein el primero en descubrir homologías estructurales entre ambos discursos y en re-

marcar procedimientos cinematográficos en el texto de
Leonardo *Cómo debe representarse una batalla*, o en el
poema "Marina" de *Las iluminaciones* de Arthur Rimbaud,
cuya disposición tipográfica resalta, en su opinión, "la al-
ternancia de dos acciones paralelas". Notable es también
el ejemplo "modélico" de montaje que encuentra en la obra
de Guy de Maupassant, *Bel ami*, donde el escritor habría
creado una sucesión de "secuencias" no para ofrecernos
un detalle naturalista del París nocturno, sino para insistir, por medio del montaje de localizaciones visuales y so-
noras, en la idea de la "medianoche hora del destino". Pero, en torno de la literatura, Eisenstein se permitió afirma-
ciones bastante más osadas para la época (1933), y que
pueden deslizarse hacia una interpretación de la narrativa
de Tabucchi:

> Hay escritores que escriben, diría yo, directamente en
> forma cinematográfica. Ellos ven en "fotogramas". Más
> aún, en imágenes de fotogramas. Y escriben en forma de
> guión de montaje. Unos ven en forma de guión de monta-
> je. Otros desarrollan hechos. Otros componen con metáfo-
> ras cinematográficas. Algunos poseen todos los caracteres
> juntos.[1]

La postura adoptada por los buscadores de "especifici-
dades" ha contribuido a despejar el campo comparatista
de un buen número de equívocos. No puede ignorarse el
hecho de que el lenguaje articulado verbal se apoya en un
código preconstituido, convencionalizado y abstracto, con-
figurándose en un sistema de signos arbitrarios que se organizan linealmente como elementos discretos. La imagen
icónica, por el contrario, es analógica, se construye según
códigos analógicos, su estructura es espacial y ofrece sig-
nificaciones concretas en virtud de su carácter mimético-
representativo.[2]

1. Sergei Eisenstein, *Cinematismo*, Madrid, Siglo Veintiuno, 1986.

2. Véase Román Gubern, *La mirada opulenta*, Barcelona, Gustavo Gili, 1987.

Es evidente que para establecer las relaciones entre el cine y la narrativa de Tabucchi es necesario, ante todo, revisar las características específicas de estos dos discursos distintos. Umberto Eco señala que por la "materia" artística de que se sirven y por la relación de placer que se establece entre el objeto estético y el lector/espectador. Y, por consiguiente, por todos los elementos "gramaticales" y "sintácticos" que se derivan de estos factores.[3]

La diferencia esencial entre un arte que utiliza básicamente palabras y otro que se configura de modo dominante con imágenes es que en el primer caso "el lector" es provocado por un signo lingüístico recibido bajo forma sensible, a través de una operación compleja aunque inmediata, de exploración del "campo semántico" ligado a ese signo, hasta que, sobre la base de los datos del contexto, el signo evoque una suma de imágenes capaces de estimular emotivamente al receptor-lector.

Por el contrario, en el caso del estímulo que llega a través de una imagen cinematográfica, el proceso es inverso y el primer estímulo procede del dato sensible sin racionalizar ni conceptualizar, recibido con toda la emotividad que esto implica. La primera reacción frente a la imagen cinematográfica no es intelectiva sino fisiológica: una pulsación cardíaca acelerada precede a toda comprensión y decodificación crítica del dato recibido.

Bastan estas diferencias para desaconsejar una comparación fácil entre el cine y la literatura. Tampoco pueden admitirse solamente los términos en los que tradicionalmente se planteó la oposición imágenes/palabras-cine/literatura, ni menos aún los criterios deterministas que, desde tal cotejo, sirvieron para diferenciar ambas formas narrativas.

En tal sentido, el discurso cinematográfico casi siempre es considerado únicamente desde el punto de vista de la imagen y no desde la heterogeneidad de sus materiales de expresión, imágenes, palabras, música, ruidos, actuación, cuando, de hecho, sólo atendiendo a la información que se

3. Véase Umberto Eco, *Cine y literatura: la estructura de la trama*, Barcelona, Martínez Roca, 1970.

transmite mediante todos esos canales, en un film se pueden establecer "homologías de estructura" con la literatura. Las mismas que Tabucchi utiliza para desarmar el marco y la estética realista, como ocurre en el relato "Cine", del libro *Pequeños equívocos sin importancia:*

La campana de la marquesina dejó de sonar. Empezó a oírse en la lejanía el ruido del tren. El hombre se levantó y se metió las manos en los bolsillos.
–Te acompaño al andén.
La muchacha sacudió la cabeza con firmeza.
–No quiero, es peligroso.
–Te acompaño de todos modos.
–Por favor.
–Otra cosa –dijo él moviéndose–, sé que el mayor es un hombre galante, no le dediques demasiadas sonrisas.
La muchacha lo miró suplicante.
–¡Oh, Eddie! –exclamó con tono desgarrador, ofreciéndole la boca.
Él quedó desconcertado un instante, como si no supiera qué hacer, como si no tuviera valor para besarla.
Luego le dio un beso casi paternal en una mejilla.
–¡Stop! –gritó el ayudante de dirección–. ¡Corten!
–¡Así no! –retronó la voz del director por el megáfono–. ¡Hay que repetir la última parte!

En *S/Z*, Roland Barthes afirma:

Toda descripción literaria es una *vista*. Se diría que el enunciador, antes de escribir, se aposta en la ventana, no tanto para ver bien como para fundar lo que ve por su mismo marco: el hueco hace el espectáculo. Describir es por lo tanto colocar el marco vacío que el autor realista siempre lleva consigo (aun más importante que su caballete) delante de una colección o de un continuo de objetos que, sin esta operación maníaca (que podría hacer reír como un gag), serían inaccesibles a la palabra; para poder hablar de ello es necesario que el escritor, por medio de un rito inicial, transforme primeramente lo "real" en objeto pintado *[peint]* (enmarcado), después de lo cual puede descolgar este objeto, *sacarlo* de su pintura; en una palabra, describirlo *[dépeindre]* (describir es desenrollar el tapiz de los códigos, es remitir de un código a otro y no de un lenguaje a un referente). Así, el realismo (bien o mal denominado y en cualquier caso a menudo mal interpretado) no consiste en copiar lo real, sino en copiar una copia (pintada) de lo real.[4]

"¿Por qué murió el sueño de pintura de los escritores? ¿Qué lo ha reemplazado?", se pregunta Barthes. Hoy en día, como pone de manifiesto el relato "Cine", los códigos de representación estallan en favor de un espacio múltiple cuyo modelo ya no puede ser la pintura (el "cuadro") sino más bien el cine.

La gramática cinematográfica, escena, plano, planos-secuencia, rodaje, travelling, diseminados en el relato, son utilizados por Tabucchi para desmantelar el protocolo de la narrativa realista, para preguntarnos: ¿y si sacamos *el marco*, entonces qué?

De ahí la importancia que adquiere en el texto la cuestión de la función referencial, ya que las "marcas" reponen en la representación lo representado. Lo que se lee, o mejor dicho lo que se *ve*, en "Cine" no es una película sino la producción de una película, que incluso es una *remake*, o sea, se reconstituye una historia: los personajes reviven su historia, pero a su vez el código del melodrama. En "Cine", la construcción del sentido se da a medida que se hace la película:

> Habló de la película, del significado de esa nueva versión, de por qué había elegido los mismos actores tantos años después y por qué quería dar un tono tan enfático a su *remake*.

A diferencia de la mayoría de los textos de Tabucchi, donde la instancia citacional nos remite a otros textos literarios, en "Cine" el juego de citas se refiere a otro discurso, el del cine. Y al utilizar elementos propios de la gramática y la sintaxis del lenguaje cinematográfico, Tabucchi

4. Roland Barthes, *S/Z*, México, Siglo Veintiuno, 1992.

logra plantear en forma contundente la cuestión de "la representación de la representación del cine", pero a través
de un texto literario. El efecto es también contundente: el
marco protocolar del realismo tambalea. El texto "Cine" no
acepta enunciaciones acreditadas tan sólo por su referente. Entonces, lo que se estaría resignificando es la categoría de lo "real".

> –Es lo mismo –dijo él–, todo es una película.
> –¿Qué es una película?
> –Todo –su mano cruzó la mesa y estrechó la mano de
> ella–. Hagamos girar la película hacia atrás, volvamos al
> principio.

Por otro lado, si lo que se busca no es constatar diferencias entre lenguaje verbal y representación cinematográfica, sino entre el relato fílmico y el literario, la sola con-
traposición abstracta entre la palabra y la imagen cinematográfica resulta insuficiente y confusa pues no son unidades equivalentes.

Volvamos a insistir en que la imagen cinematográfica
no equivale en ningún caso a la palabra sino a un conjunto de enunciados cuyo sentido y, eventualmente, el de sus
elementos internos, sólo se adquiere en relación con otros
enunciados y con otros elementos del film.

Aunque el plano pueda considerarse la unidad mínima
de la sintaxis cinematográfica –entendiéndose por plano
un conjunto de imágenes que constituyen una misma toma, o sea, una unidad de toma– no lo es necesariamente
del film en su manifestación narrativa discursiva. Ello depende, en todo caso, del nivel de significación que conside-
ramos: una secuencia narrativa se conformará en uno o
varios planos pero, al mismo tiempo, aspectos parciales
como la iluminación, el encuadre, el tratamiento del espacio, nos informarán, en la cadena fílmica, sobre el carácter de un personaje o, por ejemplo, sobre la actitud del narrador hacia tal personaje. Y si superamos la instancia de
análisis centrada sólo en la banda de imágenes y recono-
cemos al cine en su heterogeneidad de códigos y materiales de soporte, aparecerán los numerosos "encabalgamien-

tos" entre diálogo e imagen, o entre la cadena de imágenes y una frase musical –en su función narrativa– que, por ejemplo, empieza a mitad de una secuencia.

El significante de un signo fílmico es una combinación determinada de imágenes, una cierta sucesión u oposición de imágenes o la composición del plano secuencia. Estos signos no adquieren significado exacto más que en relación con lo que antecede y lo que sigue en el discurso-decurso, dado que la codificación del lenguaje del cine no existe, al menos en su totalidad. No obstante, es posible pensar que en el cine el sentido de los mensajes no supone un único código.

Esa dependencia de las imágenes puede ser pensada en función de lo que antecede y precede, puesto que el film se presenta como un texto narrativo, como sucesión de enunciados, y no porque no exista codificación alguna en el interior de la imagen.

En cuanto al discurso literario, no puede estudiarse sólo desde los parámetros puramente lingüísticos, puesto que no estamos ante una sucesión de palabras o de frases cuyo significado se agota en la denotación o está prefigurado por una gramática o un diccionario. Su plano de la expresión es un conjunto de enunciados que, como en el cine, entablan relaciones recíprocas y se organizan en una estructura narrativa más abstracta. Si atendemos, por ejemplo, a la referencia de los hechos y acciones, éstos pueden coincidir con una frase: "Es el maquillaje, estoy llena de arrugas. Soy casi abuela",[5] pero también ocurre que los hechos se constituyen mediante inferencias, deducciones extraídas de indicios diseminados por todo el texto, o mediante implicaciones o presuposiciones. Y es en este ámbito de las interrelaciones textuales donde se constituyen tanto las categorías narrativas (trama-personaje-espacio-tiempo-punto de vista) como el universo semántico al que remite el discurso narrativo del cine y de la literatura. Como las instancias pragmáticas –escena-escritura-lectura/escena-filmación-proyec-

5. Antonio Tabucchi, "Cine", en *Pequeños equívocos sin importancia*, Barcelona, Anagrama, 1987.

ción– que cobran forma en signos distintos del texto, y que van desde los elementos deícticos del lenguaje verbal a las huellas técnicas del discurso cinematográfico.

De esta manera se puede mostrar cómo el cine introduce el dominio de la problemática del tiempo en la dimensión del espacio que se abre progresivamente en la narrativa de Tabucchi.

Esta gama de oposiciones que nos aproximarán a algunos aspectos de los relatos de Tabucchi se resuelven de modo diverso en el cine y en la narrativa literaria –dadas las diferentes materias significantes puestas en juego– por cuanto aparecen como interferencias proliferantes en la configuración de varios relatos de Tabucchi.

Y es que, en efecto, en las relaciones entre el cine y la narrativa del escritor italiano puede determinarse al menos una especie de "homología estructural". En el caso de "Cine", una sucesión de "representaciones" de un presente, jerarquizables sólo en la fase de un determinado "montaje narrativo".

CINE-CINE

En el relato de Tabucchi se ponen en relación problemas que por lo general permanecen separados: la función narrativa y la experiencia del tiempo. El de Tabucchi, como todo relato, se desarrolla en un tiempo que satisface a la representación ordinaria del tiempo concebido como una sucesión lineal de instantes. En este sentido, "Cine" es un intento de intervenir en la representación vulgar del tiempo, más que de subordinar el relato a modelos de explicación despojados de toda cronología. Tabucchi se pregunta en qué contribuye la actividad narrativa a revelar, articular u organizar nuestra propia experiencia del tiempo. La hipótesis de trabajo que plantea "Cine" es que narratividad y temporalidad están estrechamente ligados: función narrativa y experiencia humana del tiempo como dos asuntos íntimamente relacionados. La temporalidad como estructura de la existencia –digamos: la forma de vida– que lleva al lenguaje en la narratividad como estructura del lenguaje –digamos: el juego del lenguaje– que tiene como referente último la temporalidad.

La relación es, pues, recíproca. Un corolario significativo de la hipótesis de trabajo tabucchiana es que la diferencia evidente entre "historia verdadera" y "relato de ficción" no es irreductible y que la función narrativa encuentra precisamente su unidad fundamental en poder articular de manera diferente la misma temporalidad profunda de la existencia.

Sin embargo, de acuerdo con la concepción de Martin Heidegger, en "Cine" la representación vulgar del tiempo como sucesión lineal de "ahoras" disimula la constitución verdadera del tiempo. En fin, el relato nos invita a remontarnos más alto que la historicidad misma, hasta el punto en que surge la "temporalidad", en la unidad plural del futuro, del pasado y del presente.

Si partimos del supuesto de que el referente de toda narración es una figuración metafórica de la temporalidad podemos pensar el relato "Cine" como un juego donde las distintas temporalidades se complican; en primer término la *historicidad,* sucesión irrecuperable, la experiencia del tiempo como sucesión; luego, la *intratemporalidad,* entretiempo, como introspección y repetición recuperable, es decir, la evocación y el recuerdo, y, por último, *la temporalidad profunda* como un entrecruzamiento o unidad plural de pasado, presente y futuro.

Pero como "Cine" es una suerte de traducción y contaminación de discursos, el del cine y el de la literatura, donde incluso se transcriben fragmentos de un film, podríamos agregar que estamos ante una presencia simultánea de la temporalidad propia del cine y la temporalidad propia de la narración literaria. Creo, por lo tanto, más pertinente hablar de la temporalidad de los personajes, el recuerdo como tiempo retenido, instrumentalizado a través del artificio cinematográfico del flash-back, y de las características propias de una remake. De la temporalidad propia del relato y de la temporalidad del film.

Tabucchi disuelve los límites y pone en conflicto los distintos registros temporales. Incluso el lector-espectador no está seguro si está leyendo un relato o simplemente el resumen de una escena cinematográfica.

–Por favor, ahórrenos los discursos sobre la belleza del sonido directo –dijo ella–, ya nos ha dado suficientes lecciones.

El realizador no se lo tomó a mal y comenzó a charlar con desenvoltura. Habló de la película, del significado de esa nueva versión, de por qué había elegido los mismos actores tantos años después y por qué quería dar un tono tan enfático a su remake. Cosas que ya había dicho, resultaba evidente por la indiferencia con que era escuchado, pero que por supuesto él contaba a gusto, era casi como si se hablara a sí mismo. Terminó su cerveza y se levantó.

–Sólo necesitaríamos que lloviera un poco –dijo al alejarse–, sería una lástima rodar las últimas escenas con mangueras.

Antes de doblar la esquina precisó:

–Seguimos dentro de media hora.

Ella miró a su compañero con aire interrogante y se encogió de hombros agitando la cabeza.

–En la última escena llovía –especificó él–, yo me quedaba bajo la lluvia.

Ella rió y apoyó una mano sobre su hombro, como para explicar que lo sabía perfectamente.

Una de las operaciones distintivas del cine es la *suspensión del tiempo* –en el relato de Tabucchi se inscriben procedimientos que exhiben su evidente analogía– en el que, paradójicamente, a partir de instalar su *detención*, se atrae el sentido de la pura evidencia del vacío, no por vías de anulación y disimulo sino, más bien y contrariamente, por su *exageración*, tanto en la ejecución, o sea, el *tratamiento* técnico de su *materialidad*, de su *transcurso*, es decir, por la exageración misma del concepto, de su "idea" figurada, *espacializada*, y siempre puesta en evidencia por recursos-trucos cinematográficos y tropos retórico-literarios que subrayan su significación. El cine, como el texto de Tabucchi, intenta y acierta a combinar y a develar la *doble* y contradictoria naturaleza del tiempo: como "idea", concebida, reducida a espacio, a *tramo*. Y como infinitud inasible, desconocida. La técnica cinematográfica, como soporte narrativo del relato "Cine", opera doblemente, como juego con el tiempo y a contratiempo de la idea (y, por tanto, a contratiempo de la historia). De ello podemos inferir que en "Cine" (y en el cine) *fabricando tiempo, se descrea el tiempo*, haciéndonos –en virtud de una *doble exageración*– traslucir su telaraña, combinando puntualmente y simultáneamente *instantaneidad y eternidad*, de tal manera que paradójicamente nos hace "ver el momento", "conteniendo" su inasibilidad, el latido de su contradicción, mostrándonos su herida –que es nuestra herida– siempre abierta, como una sucesividad traslúcida que revela al mismo tiempo *la imposibilidad de la realidad y la nitidez del fantasma*. En la cuestión misma de "ver el momento" se nos presenta en el plano real como una imposibilidad. El relato "Cine" tiene la extraña virtud de construir y disolver, a un tiempo –valga la redundancia–, el tiempo mismo.

—Han pasado más de veinte años –dijo ella–, casi una vida.
—Sigues estando guapísima.
—Es el maquillaje, estoy llena de arrugas. Soy casi abuela.
Permanecieron en silencio largo rato. Del café llegaba el ruido de las voces, alguien puso en marcha el jukebox. Él parecía a punto de hablar, pero miraba al suelo, como si no encontrara las palabras adecuadas.
—Me gustaría que me hablaras de tu vida, he querido pedírtelo durante toda la película y no me he decidido hasta ahora.

Es muy interesante también remarcar la *inversión* que produce Tabucchi en este relato: en la ficción (cine) los actores hablan de su vida real. Y en la vida real hablan de la ficción (cine).

—¡Señora, maquillaje! –gritó–, rodamos dentro de diez minutos.

El concepto de la vida como enigma está en el origen de *Pequeños equívocos sin importancia*. Todos los cuentos proponen un "tal vez" que, mientras dilata el campo de las posibilidades interpretativas, restringe el del conocimiento. Lo encontramos en el "homicidio equivocado" perpetrado al estilo vudú mediante el simulacro de cera, pero tal vez provocado por una trágica broma del destino; en "Habitaciones" el odio de la protagonista hacia el hermano, nacido de un amor que el tiempo ha transformado en odio; en "Anywhere out of the world" un protagonista que intenta justificar un anuncio en el periódico que parece concernirle a él mismo, un hombre, una mujer y un acontecimiento que se dio hace años en un país extranjero; en "Los trenes que van a Madrás" el compañero de viaje del protagonista tal vez sea el que realiza el homicidio del que se habla en el periódico el día siguiente; en "Cambio de mano" un tal Franklin, que trabaja para una misteriosa causa, sabe que al abrir la puerta probablemente lo maten, pero no sabe por qué; en "Cine", uno de los actores protagonistas, al comentar el recuerdo de una vieja película de éxito filmada en su juventud, intenta cambiar el final, fundiendo así los límites de la realidad y de la ficción, la "presencia" y la "ausencia" en el entramado de la "representación". En este relato es como si el film saliera del rollo y se hiciera "vida" en un hermoso juego imposible, puesto que el tiempo no vuelve atrás.

No es casual que en el texto Tabucchi se refiera al cineasta griego Theo Anghelopulos, y en especial al film *O Thiassos*:

—Métodos de vanguardia —contestó él sonriendo—, tipo cinema-verité, pero de mentira. Actualmente los costos de producción son excesivos, las películas se hacen también de este modo. —Había empezado a hacer bolitas con miga de pan y las iba disponiendo en fila delante de su plato—. Anghelopulos —murmuró con ironía—, le gustaría hacer una película como *O Thiassos*, la interpretación dentro de la interpretación, con nosotros ahí dentro interpretándonos a nosotros mismos. Canciones de época y planos-secuencia, de acuerdo, pero ¿qué poner en lugar·del mito y de la tragedia?

–El melodrama –dijo–, se puede poner el melodrama.[6]

–Entonces viva el melodrama –dijo–, en el fondo los grandes también lo son: Sófocles, Shakespeare, Racine, todo es un melodrama, y yo no he hecho otra cosa en todos estos años.

El film *O Thiassos (El viaje de los comediantes*, 1975) de Theo Anghelopulos sintetiza la fusión entre un cine militante con los postulados estilísticos del ocaso de la modernidad.

Anghelopulos en *O Thiassos*, como Tabucchi en "Cine", *juegan* con materiales representativos diferentes. En un primer nivel de representación nos muestran los conflictos que viven los actores, la búsqueda de la identidad, pero no a la manera tradicional de querer saber quién se es, sino como lo hace Luigi Pirandello: querer saber "cuántos se es o se puede ser, aun siendo uno". En el segundo nivel, el drama de los personajes es interrumpido continuamente por una serie de acontecimientos provenientes del mundo real y/o del rodaje del film. El juego simultáneo que se establece con los diferentes niveles de representación alcanza un perfecto equilibrio, con una constante fusión temporal –a partir de desplazamientos que van del

6. El melodrama, al decir de Tabucchi, es ese género cinematográfico de canciones, incluso literario, que es objeto de intermitentes reivindicaciones y denigraciones. Algunos de sus relatos, que presentan desgarradas historias de amor, pasión y traiciones, como *Dama de Porto Pim*, "Enigma", "Cine", parecen ser una especie de homenaje a este otro tipo de "estética barata". "El melodrama, en efecto, como el folletín, me interesa mucho porque el amor traicionado, las pasiones violentas, la misma idea de la traición o de la pasión, son conceptos fundamentales que pertenecen íntimamente a nuestra vida. En el mundo moderno existe la tendencia a no hablar de estas cosas porque aparentemente son problemas que han sido resueltos a estas alturas del siglo XX: se piensa que no merece la pena hablar de la traición. Porque, total, ya existe el divorcio. En nuestros días los sentimientos han quedado relegados a un plano jurídico: el juez ante un caso de infidelidad sentencia tranquilamente la separación conyugal y todo listo. A mí no me interesa el divorcio, me interesa la pasión; el divorcio no es literario, es un tema aburridísimo que sólo sirve

presente al pasado o del pasado al futuro–, una desnaturalización de la realidad a partir de la ritualización, un tránsito entre lo físico y lo mental y un complejo juego de enunciaciones.

–Me gustaría que me hablaras de tu vida, he querido pedírtelo durante toda la película y no me he decidido hasta ahora.

El juego con los materiales de la representación es una de las características fundamentales del cine de Anghelopulos y de la narrativa de Tabucchi, quienes han constituido un sistema de representación en el que los diferentes materiales participan de la creación de un texto que acaba reinterrogando al cine, a la literatura, a su historia y a las formas tradicionales de producción de sentido. En ambos creadores el objetivo es des-realizar la re-presentación, remitiendo hacia una reflexión sobre cómo inscribir el acto de filmar/escribir en la propia contemporaneidad.

La clave de la opción tomada por Anghelopulos en su film y por Tabucchi en su relato se presenta en principio en dos aspectos: el reconocimiento explícito de la historia como representación y la constatación de que la lógica histórica (fundada en un concepto lineal y progresivo del tiempo) no es ajena a otras formas de pensamiento, como por ejemplo la pervivencia del mito, sustentado en estructuras temporales cíclicas capaces de ahondar en componentes trágicos de la existencia. Si de un lado la historia es más que una forma de representación discursiva, de otro el cine y la literatura también; de ahí que la

---

para que los americanos hagan sus películas. El melodrama, en cambio, es la forma moderna de la tragedia. En realidad, como decía Friedrich Nietzsche, hemos llegado al fin de la tragedia. Pero ésta debe ser sustituida por otra cosa, porque las pasiones siguen existiendo. Y hemos sustituido la tragedia por el melodrama, quizá por pudor. Es nuestra manera pobre de ser trágicos." Carlos Gumpert, *Conversaciones con Antonio Tabucchi*, Barcelona, Anagrama,1995.

convergencia entre esas dos formas de discurso se nos
ofrezca especialmente productiva, en el supuesto de que
se profundice en las implicaciones de semejante convergencia.

La estrategia consiste así en una doble operación de
debilitamiento del fundamento profundo de las formas del
discurso histórico-fílmico-literario. De una parte se relativiza la positividad de la narración histórica, inscribiéndo-
la en la dinámica del relato mítico-fílmico; de otra, se de-
bilitan los tradicionales efectos de transparencia y natu-
ralidad de la ficción narrativa convencional, reforzando la
conciencia de su carácter de representación por la vía de
una tendencia hacia la escenificación melodramática, que
paradójicamente pasa por la exacerbación de ciertos elementos de la puesta en imágenes, con especial énfasis en
la movilidad de la cámara (paneos, panorámicas y trave-
llings, sobre todo) y en el uso del plano-secuencia.[7]

> –Ánimo –lo incitó–, está comenzando a llover, usted es
> Eddie, por favor, no un patético enamorado..., meta las
> manos en los bolsillos, así, bravo, venga hacia nosotros...
> El cigarrillo que le cuelgue entre los labios..., perfecto... la
> mirada en el suelo.
> Se volvió hacia el operador y gritó:
> –¡Cámara hacia atrás, travelling, cámara hacia atrás!

7. *Panorámica*: movimiento de rotación de la cámara. Si se mueve de izquierda a derecha o al revés, tenemos una panorámica horizontal; si se
mueve de arriba abajo o al revés, tenemos una panorámica vertical. Será oblicua si la panorámica es una combinación de estas dos, y circular
si la panorámica horizontal o vertical da un giro completo.
Paneo: movimiento de cámara sobre su propio eje, con fines netamen-
te descriptivos.
Plano secuencia: Secuencia que se rueda en un solo plano, sin ningún tipo de montaje, directamente y sin interrupción, y por este motivo
conserva las unidades espacial y temporal.
Travelling: movimiento mecánico de traslación de la cámara en el espacio cuando ésta se desplaza sobre un móvil (*dolly*, grúa) o bien sobre
los hombros del operador (cámara portátil). Si la cámara pasa de un plano alejado a uno más próximo tenemos un "travelling de profundidad"

Por su parte, *O Thiassos* se articula bajo una lógica discursiva ajena al sentido lineal de la historia, asumiendo la lógica circular del mito, de la repetición y clausura, del fatalismo y el destino. De ahí resulta ese aspecto totalizador, complejo y sin fisuras del film. *O Thiassos* se nos ofrece, al igual que "Cine" de Tabucchi, como un texto saturado de signos –no de símbolos–, fruto de esa autoconciencia representativa.

> –Oye –dijo–, cambiemos el final.
> –Te estás olvidando del título de la película –dijo intentando hacer un chiste–, no se puede volver atrás.

En este sentido, podemos decir que el texto "Cine" se aproxima a la crisis de los conceptos de ficcionalidad, e incluso de género, señalada por los investigadores del fenómeno posmoderno. Todo texto es un "mosaico de citas" y una absorción de otros, según la idea bajtiniana. Ningún texto puede ser concebido sin su intertexto. Sin embargo, la particularidad de "Cine" de Tabucchi radica en que el intertexto no es otro texto sino el discurso mismo del cine.

La variedad de material narrativo, desplegado con pluralidad de discursos, evoca la concepción derridiana del límite, en el sentido que el espacio que se tiende entre relato de ficción –"Antero de Quental", *Dama de Porto Pim*, "Pequeñas ballenas azules que pasean por las Azores"– y la crónica –"Otros fragmentos", "Una caza"–, se desdibuja, y una instancia parece contaminar a la otra, cuando efectivamente es un proceso en el que ambas se "diseminan" en la otra. De este modo se configura un registro de escritu-

---

en avance o aproximativo; si pasa de un plano cercano a uno alejado, tenemos entonces un "travelling de profundidad" en retroceso o de alejamiento. Si la cámara acompaña en paralelo a una figura humana que se mueve, tenemos un "travelling lateral o paralelo"; si acompaña a una figura humana que se desplaza hacia arriba o hacia abajo, tenemos entonces un "travelling vertical" o en ascensor. En el caso en que la cámara acompañe a la figura humana en diagonal, el travelling es oblicuo; si la cámara gira alrededor de la figura humana, el travelling será circular.

ra que finge la verdad –ficción–, y otro que pretende tradu-
cirla –crónica–. La "différence" que se establece entre uno
y otro es de grado.[8]

En nuestra reflexión acerca del cruce entre el cine y la
literatura de Tabucchi hemos partido de una doble relación: por un lado, el cine ha ejercido en distintos aspectos
–algunos observados en este trabajo– una marcada influencia sobre su obra; por otro, el mismo autor ha sido
cortejado por cineastas de distintos países. En concreto,
ya se han adaptado y/o transpuesto al discurso cinematográfico, en Francia *Nocturno hindú* del director A. Corneau,
y en Italia el cuento "Enigma" de *Pequeños equívocos sin
importancia*. También hay versiones de *Dama de Porto Pim*
del español J. A. Salgot y de *La línea del horizonte* del portugués Fernando Lopes. La última adaptación hasta el
momento es la versión de la novela *Sostiene Pereira*, protagonizada por Marcello Mastroianni y dirigida por Roberto Faenza, estrenada en 1995.

El mismo Tabucchi nos comenta esta particular vinculación con el cine:

> Del cine he recibido mucho, he recibido eso que se pue-
> de llamar ilusión. El cine es una gran fábrica de ilusiones
> como lo es la literatura. Por otra parte, el cine es narrati-
> vo, es narración visualizada, por lo que como narrador me
> he sentido siempre atraído por él. Además, para mí el cine
> es mi infancia, es la mitología de mi infancia [...], esa esta-
> ción mítica que verdaderamente confundo hoy en día un
> poco con el sueño. Otra cosa que me ha enseñado el cine
> es la elipsis. En mi opinión, a todos los narradores de fina-
> les del siglo XX, el cine nos ha enseñado mucho, pero prin-
> cipalmente dos cosas: la elipsis y el montaje. Por lo que a
> mi concierne, creo que he aprendido más del manual de
> montaje de Eisenstein que de la gramática narrativa de To-
> dorov, por mencionar una de entre todas las gramáticas

8. Véase Daniel A. Capano, "Narradores italianos del fin del milenio. Antonio Tabucchi y las técnicas narrativas posmodernas en *Donna di Porto
Pim*", en *Signos Universitarios*, XIII, 26, julio-diciembre de 1994.

que la narratología ha inventado en los últimos años. La
narratología no me interesa; el cine, en cambio, sí.[9]

PRESENCIA-AUSENCIA

Para Heidegger, la re-presentación nunca es sino el doble o el re-doble, la sombra o el eco de una presencia perdida. La re-presentación es, pues, presentación, pero de-
bilitada y aun ocultada. En la "re-presentación" del relato
"Cine", se despliega el *siendo* y no *el Ser*.

El *siendo* en el despliegue y el despuntar de la presencia para aprehender en el fondo de la memoria de los protagonistas, su presencia olvidada.·

En este sentido Tabucchi plantea firmemente la problemática de la representación, al mismo tiempo que pretende trascender lo representativo. *Representar* es colocar ante sí algo que uno vuelve seguro. Por tanto verdadero. ¿Ilusión?, como en el cine, en cierto sentido, pero garantizada
y sostenida por todo el marco del relato. Para Tabucchi,
como lo fue para Borges, siguiendo a Baruch Spinoza, la
representación es una etapa, un nivel o un momento. Es
preciso pasar por ella, para salir de ella superándola.

Los pensamientos de los personajes, o sea, las determinaciones ya relacionadas y opuestas en su relación, caen
en la exterioridad del espacio y del tiempo, es decir, en la
esfera de la representación. Sin embargo, su identidad formal y los términos contradictorios se mantienen a lo largo
del relato en la yuxtaposición y la sucesión de la veracidad
de lo real y lo verosímil de la ficción. Esta sutil "separación" distancia el pensamiento del ser, lo que a su vez di-
ficulta la definición de lo verdadero y lo falso. Añadamos,
también, la presencia de la ausencia.

–Oye –dijo–, cambiemos el final.
Ella le miró con una expresión ligeramente perpleja,
pero quizá sólo se trataba de una expresión retórica, como

9. *Conversaciones con Antonio Tabucchi*, ob. cit.

si hubiera entendido perfectamente y aguardase una confirmación.

–No te vayas –dijo él–, quédate conmigo.

Ella dejó caer los ojos sobre el plato, como si se sintie-
ra confusa.

–Oh te lo ruego –dijo–, por favor.

–Estás hablando como en la película –dijo él–, es la
misma frase.

–Esto no es una película –contestó ella casi enfadada–,
deja de actuar, estás exagerando.

Él hizo un gesto con la mano como si en efecto quisiera cambiar de conversación.

–Pero yo te amo –dijo en voz muy baja.

Esta vez fue ella quien adoptó un tono jocoso.

–Claro que sí –aceptó con una pizca de condescenden-
cia–, en la película.

–Es lo mismo –dijo él–, todo es una película.

–Todo. –Su mano cruzó la mesa y estrechó la mano de
ella–. Hagamos girar la película hacia atrás, volvamos al
principio.

–Te estás olvidando del título de la película –dijo intentando hacer un chiste–, no se puede volver atrás.

La presencia y la ausencia no pueden concebirse como
la doble cara, el anverso y el reverso, de un mismo hecho.
En este relato, Tabucchi tuvo que salir de la pareja "repre-
sentante-representado" para captar el tercer término, "la
representación", ahondando el análisis. El tercer término,
aquí, es el *otro*, con lo que ese término implica otredad, relación con el otro presente-ausente. Alteración-alienación.

¿Quién se es en el relato "Cine" de Tabucchi? Hay que
precisarlo. Los personajes buscan la presencia fuera y
dentro del set de filmación: de este modo corren el peligro
de no alcanzar sino su propia sombra, el simulacro. Sin
embargo, esas tentativas por superar las representaciones
no dejan de tener importancia y sentido. Muestran cómo
el camino rodea o desvía la meta, cómo se piensa lo que
está en juego.

¿La presencia? Siempre se da en una forma, y sin embargo la forma, tomada separadamente, es hueca, por lo

tanto, ausencia. La presencia sólo se encuentra durante el transcurso de la historia (el rodaje-la filmación), que se interrumpe. Se desarrolla en las representaciones y las sobrepasa, a la manera de *Seis personajes en busca de autor* de Pirandello. El juego, así como el saber y la búsqueda amorosa (búsqueda del otro) no son sino momentos en los que se revela la ausencia, en los que se trasluce la presencia. El acto narrativo no puede eludirlos pero los atraviesa. Aunque ese movimiento corre peligro de detenerse en una representación. Protección contra la angustia, contra la disolución, esas defensas son sin embargo trampas, engaños, ilusiones de poder. Por lo tanto, ausencias disimuladas y disimuladoras. Simulacro y disimulación van juntos. Descubrimiento reciente pero mal divulgado: la presencia, al igual que el poder y la creación, se simulan.

Y, como ocurre en el relato de Tabucchi, la representación del simulacro disimula el fracaso.

¿La ausencia?, en "Cine", ¿cómo representarla puesto que la representación llena los vacios de la ausencia? Los signos del discurso cinematográfico diseminados en el texto dicen la ausencia –la existencia de lo ausente designado– y la tematizan. Los signos nombran ilusoriamente lo que huye del nombramiento. Nombran lo distante y lo alejan cada vez más. Los personajes de "Cine" tratan de tener acceso a la presencia. Quieren sor-prender o re-tomar una presencia perdida, o sus-pender la ausencia.

> Él la tomó por la cintura con un brazo, obligándola a doblarse ligeramente hacia atrás. Mirándola a los ojos acercó lentamente su boca a la de ella y la besó con pasión. Fue un beso intenso y largo, se oyó un murmullo de aprobación y alguien silbó.
> –¡Corten! –gritó el ayudante–. ¡Final de la escena!

DAMA DE PORTO PIM:
NAUFRAGIO, MARGINALIDAD Y ÓRBITA

Maximiliano González

Cuando se piensa en la antigua y primordial relación que existe entre el viaje y la literatura, cuando se rastrea ese vínculo a lo largo de la literatura occidental, cuando se observa el mundo de nuestros días, se llega a la conclusión de que los espacios sobre los que el imaginario pueda aún ser fecundo o bien se han agotado o bien están a punto de agotarse. Este proceso de agotamiento de los espacios imaginarios tuvo su inicio con el viaje que cerró definitivamente el globo terráqueo: el descubrimiento de América, con este viaje, las cartografías se volvieron más precisas, abandonaron el repertorio de monstruos que solían habitar en los bordes imaginarios del mundo y configuraron un espacio que, de golpe, fue un espacio conocido. La muerte de aquel imaginario cartográfico quizá fue incidiendo de a poco en las concepciones espaciales que se planteaban en las grandes obras literarias de la época, como el *Quijote* –cuya cartografía es bien precisa– o en *La tempestad* de William Shakespeare, que se anima a imaginar las remotas tierras más allá de las murallas de Hércules, o como algunos de los ensayos de Montaigne que alentaron a los europeos al viaje. La pregunta, siempre y cuando se suspendan los debates en torno de los alcances del término *posmodernidad*, podría plantearse en estos términos: ¿hay algún viaje posible dentro del mundo que funcione como emblema de la posmodernidad?

Dama de Porto Pim, de Antonio Tabucchi, no sólo se plantea una exhibición de ese agotamiento de las posibilidades del viaje como búsqueda de lo desconocido sino también como migración continua de los lugares de enunciación, que estaría postulando otro sentido del viaje. El auténtico viaje al que se lanza el narrador italiano es al del lenguaje: de una historia antigua pasa a una biografía, de allí a un reglamento, a una crónica, etc.; la aventura es la exploración misma del sentido que retoma en este texto un trato con el límite ya presente en otro texto suyo: *La línea del horizonte*. Aquí plantea una travesía por los géneros, exhibiendo su territorio lábil y cambiante, desorientado.

En el prólogo de *Dama de Porto Pim*, Antonio Tabucchi deliberadamente diserta sobre la forma en que va a trastornar el género de diario de viaje, única señal para el lector (los prólogos de los libros de Tabucchi están corridos de su función anticipatoria, buscan una relación ambigua y productiva con los textos mismos):

> ...una elemental lealtad me obliga a poner en guardia a quienes esperan hallar en este librito un diario de viaje, género que presupone tempestuosidad de escritura o una memoria inmune a la imaginación que la memoria produce, cualidad que por un paradójico sentido del realismo he desistido de perseguir.[1]

En una intensa nota de Jean Baudrillard titulada "Lo orbital y lo exorbital", afirma el autor francés acerca de la posibilidad del viaje desde el momento en que queda confirmada la redondez de la tierra y nuestro planeta se ha convertido en un espacio familiar:

> Segalen ya decía que a partir del momento en que se supo realmente que la tierra era una esfera, una bola, el viaje dejó de existir pues, por definición, en una esfera abandonar un punto ya implica empezar a acercarse a él.

1. Antonio Tabucchi, *Dama de Porto Pim*, Barcelona, Anagrama, 1984, prólogo.

La esfera es la monotonía, los polos son una ficción, lo lineal adquiere una extraña curvatura. Cada uno ha empezado a girar secretamente en torno de sí mismo. Comienza el turismo. El turismo en el sentido de la circularidad autorreferencial, de gente que ya no viaja sino que gira en redondo, en su territorio redondo. El exotismo ha muerto.[2]

Tanto en Conrad como en Melville hay todavía el hálito que poseen los relatos cuando están lanzándose hacia el borde, cuando presuponen haber alcanzado la frontera de lo inexplorado, cuando aún se basaban en cartografías abiertas que no habían asumido la esfericidad. En *El corazón de las tinieblas,* Marlowe se proyecta hacia ese borde en una profunda búsqueda de sí mismo y de su espejo monstruoso que es el señor Kurtz; en *Moby Dick,* Ahab abandona la senda de Dios para someterse a una desaforada persecución de la ballena blanca, hasta su propio fin. En ambos el viaje ha moldeado a los personajes. El ser de los personajes está íntimamente ligado a la aventura.

Es imposible encontrar en *Dama de Porto Pim* este movimiento hacia el borde, pues ya no hay borde, el borde es acaso, en este texto, un recuerdo, el amarillento mapa de las islas Azores con el que nos topamos al final del libro y en el que se trazan la totalidad de rumbos de barcos que las atravesaron alguna vez, la huella de haber sido un límite. El mundo se ha convertido en un *domus,* en un espacio conocido. Este fatalismo circular nos relega al aburrimiento, a la repetición, al turismo. Todos los personajes orbitan en torno de sí mismos; el texto de Tabucchi es, de algún modo, el enviciamiento de un relato de viajes que ya no puede ser, es esta carencia la que determina la circularidad de los personajes. No hay horizonte de expectativas puesto que se ha tomado plena conciencia del verdadero sentido del horizonte.

En "Hespérides, sueño en forma de carta", la escritura ya conecta al lector con la noción de límite, de borde que se construye a partir de una genealogía que nos remonta

2. "Lo orbital y lo exorbital", en *Vuelta,* mayo de 1987, p. 18.

a la antigüedad: las murallas de Hércules constituían un
final preciso de ese mundo, el desafío de Ulises será sin
duda el desafío de todo el mundo occidental, extender el límite, propagarlo:

> Después de haber surcado las aguas durante muchos
> días y muchas noches, he comprendido que el Occidente
> no tiene fin sino que sigue desplazándose con nosotros, y
> que podemos perseguirlo a nuestro antojo sin jamás al-
> canzarlo.[3]

En este relato se anticipa la estrategia común a los relatos de *Sueños de sueños*,[4] en el cual Tabucchi afirma que
lamenta que los grandes autores no hayan escrito sus sueños y se constituye en amanuense de esos sueños ajenos.
Aquí declara que cada uno tiene derecho a tratar sus propios sueños como mejor le parezca.

En uno de los *Nueve ensayos dantescos*, "El último viaje
de Ulises", Jorge Luis Borges relaciona este viaje con la aventura esotérica de Dante, relación que contamina la escritura
de Tabucchi y utiliza en este primer texto de su libro:

> Con la última nave y con los pocos fieles que aún le
> quedaban, se lanzó al mar abierto; ya viejos arribaron a la
> garganta donde Hércules fijó sus columnas [...] Dante es
> un aventurero que, como Ulises, pisa no pisados caminos,
> recorre mundos que no ha divisado hombre alguno y pre-
> tende las metas más difíciles y remotas.[5]

Las Hespérides fueron siempre emblema de los objetos
deseados por el hombre, desde el jardín del Edén, las man-
zanas de oro y hasta la misma inmortalidad. Tabucchi,
lector de Dante, toma como su Odiseo-Nadie a su siempre
reiterada referencia Pessoa-Persona, en este caso la búsqueda no apunta a trasponer un límite en el espacio sino

---

3. "Hespérides. Sueño en forma de carta", en *Dama de Porto Pim*, ob. cit.
4. Antonio Tabucchi, *Sueños de sueños*, Barcelona, Anagrama, 1996.
5. Jorge Luis Borges, "El último viaje de Ulises", *Nueve ensayos dantescos*, en *Obras completas*, T. III, Buenos Aires, Emecé, 1994.

que va hacia el sentido, hacia una travesía de la significación que bien rememora la de los heterónimos del poeta portugués, la errancia enunciativa mediante la cual se nos da y se nos retacea la autoría de sus textos.

La idea del viaje final, del destino de naufragio –de volverse indefectiblemente evocación– es ubicada por Dante en el canto vigésimo sexto del Infierno:

> Y volviendo la popa hacia el oriente, de nuestros remos hicimos alas para seguir tan desatentado viaje, inclinándonos siempre hacia la izquierda. La noche veía ya brillar las estrellas del otro polo [...]. Cinco veces se había encendido la luz de la Luna desde que entramos en aquel gran mar, cuando apareció una montaña oscurecida por la distancia, la cual me pareció la más alta de cuantas había visto entonces. Nos causó alegría pero nuestro gozo se tornó pronto en llanto, pues de aquella tierra se levantó un torbellino que chocó contra la proa de nuestro buque: tres veces lo hizo girar con las encrespadas olas, y a la tercera levantó la popa y sumergió la proa, como plugo a Dios, hasta que el mar volvió a unirse sobre nosotros.[6]

Esta narración que Ulises hace a Dante presupone el viaje a la muerte, el ingreso al mundo del recuerdo.

Cierto *spleen* que se conecta con la idea de la orbitalidad tiene su presencia en ese aire estancado que respira la pareja de "Pequeñas ballenas azules que pasean por las Azores: fragmento de una historia", donde el aburrimiento está contaminado con la recursividad del escritor que cuenta a la mujer el relato que está escribiendo y que coincide con el que ellos viven:

> ...la historia en el fondo es banal, es el final de una relación, pero todas las historias son banales, lo importante es el punto de vista.[7]

6. Dante Alighieri, Infierno, Canto XXVI, en *Divina comedia,* Buenos Aires, Austral, 1944.
7. "Pequeñas ballenas azules que pasean por las Azores: fragmento de una historia", en *Dama de Porto Pim,* ob. cit.

En "Otros fragmentos", lo testimonial e histórico convive con la leyenda y la literatura, como una absoluta imposibilidad de determinar un límite certero, los fragmentos ponen en escena esa labilidad según la cual el confín se vuelve espacio reconocido.

Dama de Porto Pim está circundado por cierta noción del fracaso mediante la visión –más imaginable y literaria– del naufragio, un naufragio que es emblema del aire que recorre las islas Azores (en las que han sido frecuentes los naufragios, y por las que una vez pasó el Pequod del capitán Ahab). Por eso trastorna tanto el relato de viajes –a la manera de las novelas de Conrad y Melville– como la sujeción a un género en especial y produce un verdadero *puzzle* (del inglés: confusión, embrollo, inquietud) que logra al final desde este mosaico un efecto de unidad, aun en la continua vacilación en la que se transita por un camino que nunca se ubica ni en la ficción ni en la realidad.

Tabucchi en este libro se deshace de la seguridad que le otorgaría la poética del realismo, y propone como alternativa un sentido paradójico del realismo, por un lado, y, por el otro, la contaminación de la memoria. Hay, sin embargo, en esta continua oscilación algunos ejes, algunas referencias que otorgan al texto cierta coherencia; los naufragios, las ballenas y los balleneros son presencias aglutinantes. El naufragio es una idea operante en todos los textos, y sirve para constituir cierta mirada elegíaca que rechaza cualquier tentación épica. En este libro la cartografía es acaso una verdadera cartografía de la memoria que, a la vez, abre espacios para la memoria de ciertas cartografías.

La ballena era en *Moby Dick* una alegoría central: para Melville, para el imaginario que maneja Melville, en el que la idea de la ballena convoca necesariamente el episodio bíblico de Jonás. El cetáceo es la imagen misma del mal que obsesiona a Ahab; para Borges, en cambio, que ha leído de otro modo las Sagradas Escrituras, el animal representa, en la novela de Melville, la vastedad e inhumanidad cósmica.

En Tabucchi, funciona como dispositivo de la inversión del punto de vista, que está inscripto en un texto enfáticamente titulado "Post scriptum: una ballena ve a los hombres"; muestra en primer lugar la extrañeza de la fisonomía humana como el otro lado de una enunciación antropomórfica:

> Siempre muy ajetreados, y con largas extremidades que agitan con frecuencia. Y son muy poco redondos, sin la majestuosidad de las formas consumadas y suficientes, y con la minúscula cabeza móvil en la que parece concentrarse toda su extraña vida.[8]

Este texto ha recibido una influencia declarada de un poema de Drummond de Andrade, e importa una profunda relativización de la noción tradicional de la identidad, asunto en el que tampoco se puede soslayar a Borges.

Del mismo modo que Borges en "La casa de Asterión" narra el mito del Minotauro desde el Minotauro, es decir, invierte y anula la noción de monstruo desplazándolo del lugar del otro para constituirlo en un yo que se confiesa solitario e inocente:

> Uno tras otro caen sin que yo me ensangriente.
> Donde cayeron, quedan, y los cadáveres ayudan a distinguir una galería de las otras.[9]

Es el procedimiento que utiliza el relato de *Dama de Porto Pim*, en el que la ballena propone su mirada de los hombres, colocados en el lugar del monstruo.

En Tabucchi el viaje queda asociado a la búsqueda existencial; en la microbiografía de Antero de Quental, un hombre tiene un sueño reiterado –premonitorio al fin– y vaga extraviado en el laberinto del mundo, laberinto que

8. "Post scriptum: una ballena ve a los hombres", en *Dama de Porto Pim*, ob. cit.

9. Jorge Luis Borges, "La casa de Asterión", *El Aleph*, en *Obras completas*, T. I.

termina por disolver su identidad y vaciarlo tanto de sentido como de esperanza:

> El sol era feroz y todo era blanco. La plaza [de la Esperança] estaba desierta, a aquellas horas, debido al fuerte calor. Un borrico triste, amarrado a la argolla de una pared, hacía oscilar su cabeza. [...] En la esquina opuesta, a la sombra de un plátano, había un vagabundo que tocaba un organillo. El vagabundo le hizo una seña y Antero se dirigió a él. Era un zíngaro flaco y tenía un mono subido a su hombro. [...] Antero reconoció al mono de sus sueños y comprendió quién era. [...] agarró el papelito coloreado y se lo ofreció. Él lo cogió y lo leyó. [Antero] Atravesó la plaza y se sentó en un banco bajo el fresco del muro del convento de la Esperança donde había un ancla azul. [...] Sacó el revólver del bolsillo, se lo llevó a la boca y apretó el gatillo...[10]

Ni siquiera se sabe si semejante búsqueda pueda tener una mínima probabilidad de éxito. Antero no busca el mundo, se busca en el mundo, pero su sueño lo ha llevado circularmente a las Azores después de una larga ausencia, a la paradójica plaza de la Esperança y a la muerte. Es este sueño –viaje que reitera Antero una y otra noche, primero con inquietud, luego acostumbrado y finalmente reconociendo su significado emblemático– el que orienta todo desde el principio al suicidio. Antero no ha resuelto a lo largo de su vida ese enigma y ahora que acaso ya lo sabe no queda ninguna esperanza para él.

La otra historia a la que Tabucchi otorga en el prólogo carácter de ficción es la que da título a todo el libro y se origina, según las palabras del escritor italiano, en las confidencias de un hombre que imaginó haber encontrado en una taberna de Porto Pim, texto en el que, por otro lado, se devela el lugar de observación que detenta como extranjero, análogo al de "Una ballena ve a los hombres"; pero en este caso utilizando la segunda persona que lo incluye:

10. "Antero de Quental, una vida", en *Dama de Porto Pim*, ob. cit.

Tú eres curioso y buscas algo más, porque es la segunda vez que me invitas a beber, pides vino de cheiro como
si fueses de aquí, eres extranjero y finges hablar como nosotros, pero bebes poco y además te callas y esperas que
hable yo. Has dicho que eres escritor, y quizá tu oficio tenga algo que ver con el mío.[11]

Desde el confidente imaginado, Tabucchi reconstruye
su propia imagen que nos da nuevamente otro revés, el del
narrador que había venido planteando en los otros relatos;
esta circulación que produce mediante la estrategia de va-
riar el punto de vista señala la circularidad, la orbitalidad
–acaso la del mismo globo ocular– que subraya la pérdida
de ese haber imaginativo constatable en todos los relatos
de este libro, aquí esa pérdida toma la forma de inventario: de las costumbres, de los cantos, de la lengua, con lo
que condensa ese sabor elegíaco que ha perfilado a lo largo de todo este volumen.

El viaje es además en este libro la miscelánea de un recorrido a través de los géneros y las enunciaciones, que va
dejando una escritura que funciona como un mapa cuyo
territorio no puede ser precisado, tal como la experiencia
del navegante que encuentra una isla nueva en las Azores,
en "Otros fragmentos" y, luego de haber dejado un grupo
de hombres en ella, regresa y comprueba con estupor que
ha vuelto a desaparecer bajo el mar. Como no hay totalidad que asumir, la travesía es un recorrido azaroso por lo
fragmentario –"Los viajes son siempre un azar"– o, como
dicen los portugueses, por los *destroços*, algo así como ruinas, residuos, deshechos, restos en dispersión que ya no
se volverán a reunir. Un viaje que no sólo se desplaza en el
espacio sino que construye una vinculación con lo elegíaco del *esto ha sido*:

...la pena por lo que fue y ya no causa más pena, sino tan
sólo la memoria de la pena, y la pena por lo que no fue y
habría podido ser, que es la pena más lacerante...[12]

11. "Una historia", en *Dama de Porto Pim*, ob. cit.
12. "Hespérides. Sueño en forma de carta", en *Dama de Porto Pim*, ob. cit.

Estos *destroços*, deshechos, se relacionan íntimamente
con el fenómeno orbital, pues todo lo que atañe al ser humano (su cuerpo biológico, mental, muscular, cerebral) flo-
ta en torno de él, a la manera de prótesis mecánicas e in-
formáticas. El hombre no es ya sino sus extensiones me-
diáticas. Las partes de su cuerpo se han satelizado a su alrededor excéntricamente, en lugar de gravitar alrededor de
él en orden concéntrico.

El punto de reconocimiento de lo fragmentario es la ex-
centricidad, cuya causa hay que buscarla en lo que el mismo hombre ha construido en torno de él a partir de esa imposibilidad geométrica del viaje.

Dama de Porto Pim es una confirmación de que lo único que puede hacerse en este sentido es practicar una poética del fragmento, los fragmentos se diseminan en el libro,
bogan a la deriva (como los restos después de un naufragio). El binomio construcción/destrucción tiene un papel
semántico decisivo en este texto:

> Aquellas casas estaban construidas con los restos de
> los naufragios que los escollos de Flores y de Corvo han
> ofrecido durante siglos a las naves de paso.[13]

Y tanto crean una atmósfera unitaria como se asoman
al mosaico desordenado o *puzzle*, otorgando una impresión de unidad caótica y en dispersión que resulta opera-
tiva para todo lector que acepte llenar los huecos. La sospecha borgeana de que el universo carece de orden atraviesa estas páginas.

Lo fragmentario relacionado con el sujeto nos acerca a
cierta noción sobre los *fractales*, que son como los fragmentos de un holograma: cada pedazo contiene el universo entero. Esta fragmentación es el efecto de la desaparición de la trascendencia, sus pedazos son como los trozos
de un espejo roto en el que todavía vemos reflejarse furti-
vamente nuestro rostro, nuestra imagen, justo antes de

13. "Otros fragmentos", en *Dama de Porto Pim*, ob. cit.

desaparecer. El sujeto fractal, en lugar de proyectarse a una totalidad o a una finalidad, se disfracta en una multitud de egos en miniatura, todos parecidos; así como el objeto fractal se parece a cada uno de sus componentes mínimos, el sujeto fractal no piensa más que en parecerse a cada uno de sus componentes elementales.

Todo esto se conjuga con la idea de que las Azores son un documento de los náufragos de la historia. Esta dispersión se acciona desde las mismas partículas; pues hasta ese poder de gestar naufragios ha naufragado en estas islas y todo se vuelve memoria que, asociada a la imaginación, desemboca en la imposibilidad de conocer la verdad, por un lado y, por el otro, en pluralizar la realidad en vez de reflejarla. Las Azores producen la dispersión a través del naufragio, la errancia de los fragmentos, y son producto de un antiguo error:

> El nombre se debe a un error de los primeros navegantes portugueses que confundieron con gavilanes (en portugués *açores*) a los numerosos neblíes que pueblan las escolleras de las islas.[14]

Las Azores que reúnen los restos de los naufragios y la ausencia muy marcada de la caza de ballena *son más bien lo que han sido*. En tanto han sido se constituyen en emblema de la muerte. Diría Henry Roth:

> Sé solamente que los sepultan en la tierra oscura y que sus nombres en las lápidas duran lo que un par de vidas más.[15]

Lo que ha sido no puede garantizar un cuerpo, una presencia, está sometido a la palabra en términos de pérdida de una antigua plenitud. *Dama de Porto Pim* enfatiza su carácter discursivo, literario, abandonando toda tendencia

14. "Una nota", en *Dama de Porto Pim*, ob. cit.
15. "Lo orbital y lo exorbital", ob. cit.

a la referencialidad. Lo demás ha quedado lejos; por eso
voluntariamente se sustrae a cualquier fragor, a cualquier
forma de constatación segura.

Tabucchi ha declarado que este gesto proviene o deriva
de la cultura latina:

> Hay literaturas que se interesan más que otras por el
> diálogo con los muertos [...] en las culturas derivadas de la
> latinidad este tema es abundantísimo [...] muchas obras
> maestras se han construido sobre la filigrana de dicho te-
> ma: *La divina comedia*, *Los sepulcros de Fóscolo*, etcétera.

El haber sido se propone en oposición tanto al ser como
al no ser, y es afirmado como una condición básicamente
distinta. El haber sido es la diferencia con respecto a la plenitud que asume el ser. Si el presente fragmentario obliga
a un recuerdo de la antigua plenitud, el fragmento es, de
alguna manera, el testimonio parcial de aquella totalidad.

Las islas Azores, que pertenecen a Portugal, son mudos
testigos de antiguos viajes, de balleneros, de ilustres viajeros visitantes, en suma, de una vitalidad que ya no es. Tabucchi, un escritor italiano que se ha corrido al margen de
Europa –a esa marginalidad portuguesa que sólo ha con-
sentido un gran poeta como Fernando Pessoa– escribe sobre la inutilidad del viaje, sobre la memoria como esa so-
segada forma del viaje, por eso el texto está marcado por
un carácter estático, como una confirmación de la fatali-
dad del estancamiento que, sin embargo, se ve movilizada
por la dispersión de restos que, como pequeños satélites,
no dejan de circundar el texto.

Además, una actitud que garantiza cierta movilidad,
cierta inestabilidad desde la lectura que resiste los gestos
de aquietamiento y de domesticación a los géneros, de
centralización que lo llevarían hacia los cánones, hacia las
fórmulas congeladas y consagradas de la literatura, quizá
es que Antonio Tabucchi ha descubierto que lo único es-
cribible es la marginalidad, el naufragio, esa suerte de oscuridad que también practicaba Pessoa.

Dama de Porto Pim, lejos de funcionar como un buen mapa –ese énfasis en la inutilidad actual de las cartografías, ya que no queda ningún lugar geográfico por explorar– desalienta cualquier camino certero, unilateral; en un rumbo de brújulas imantadas nos topamos más con la garantía de cierto caos que con la exhibición de un orden seguro.

LA LÍNEA DEL HORIZONTE: LA ESCRITURA DEL DESVÍO Y LA DISLOCACIÓN

Ana Paruolo

Cuando se abre el libro y se transpone el borde de la tapa, aparece una imagen en la solapa: es una fotografía de Tabucchi sobre un tejado que nos obliga a detenernos en ese lugar. Si miramos la fotografía, el sujeto que posa en esa foto está fuera del espacio en el que se espera encontrar a un escritor, rodeado casi siempre por objetos que remiten a su *métier*: libros, biblioteca, máquina de escribir, computadora, papeles. Tabucchi está en otro espacio, un espacio que nos hace posicionarnos en un fuera del marco, un desvío. Recorremos las hojas siguientes y hay allí un epígrafe que también desvía nuestra atención y la intención de leer la novela. Ya en la lectura de los primeros capítulos se insinúa una imagen ausente, otra voz que se hace plural y que engañosamente marca un posible recorrido de lectura: la de Pessoa y sus otros.

> Nadie me conoció bajo la máscara de la identidad ni supo nunca que era una máscara porque nadie sabía que en este mundo hay enmascarados. Nadie supuso que junto a mí estuviera otro que, al fin, era yo. Siempre me juzgaron idéntico a mí. [...] Saber bien quiénes somos no nos atañe, que lo que pensamos y sentimos es siempre una traducción [...] Saber todo eso en cada sentimiento, no ser extranjero de la propia alma, exiliado en las propias sensaciones.[1]

1. Fernando Pessoa, *Fernando Pessoa-Poesía*, Buenos Aires, Alianza, 1995.

> Prefiero que se prescinda de los prefacios e introduccio-
> nes [...] No explicar es aún una de las principales condicio-
> nes para la imposición y la victoria [...] quede la obra tal
> como es y sin que nada más sea.[2]

> El único prefacio a una obra es el cerebro de quien la lee.[3]

> Un prefacio siempre es malo, y el prefacio de un tra-
> ductor es cosa positivamente inmoral.[4]

> En un fluido incierto nexo, cual el río
> cuyas hojas son él,
> Así tus días ve, y si te vieres
> Pasar cual otro, calla.[5]

Entonces continúa la lectura con la sospecha de tener
que volver atrás varias veces, para poder dar cuenta de ese
recorrido.

El presente trabajo toma como pretexto una serie de recurrencias en la narrativa de Tabucchi, las figuras pares
como otras versiones; la máscara, objeto ligado al ritual y
al arte de fingir; el prefacio como el registro de otra voz que
dialoga con el texto y que se anticipa al cuerpo principal
de la novela; la nota al margen que dialoga también con el
cuerpo principal pero que se ubica en el extremo opuesto,
y la traducción que importa un texto sobre el que se mon-
ta otra capa de sentidos posibles no siempre cercanos al
original.

El protagonista de *La línea del horizonte* se llama Spino y, como Roux, el protagonista de *Nocturno hindú*, tiene
un par que a veces se presenta como otro y otras como
nadie, otras versiones de sí mismos. Como Roux, Spino
investiga, pero ¿cuál es el objeto de la búsqueda?, ¿cono-

2. Ibídem.
3. Ibídem.
4. Ibídem.
5. Ibídem.

cer el nombre verdadero y la historia de un cadáver enmascarado detrás de un nombre falso y obsesionarse con esa búsqueda del que ya "ha sido", o tal obsesión no es más que la búsqueda de sí mismo, de un hombre perteneciente a una generación para la cual el mundo se ha desplomado?

Este modo de narrar no transcribe ni refleja la crisis existencial del sujeto, lo que hace es desviar la dirección de una posición central y ordenada hacia otra más tangencial y difusa. Una suerte de sujeto entrópico, sujeto que tiende a perder energía y disgregarse. El concepto de entropía resumiría la vida biológica y se proyectaría a la narración como una forma de agotamiento, el último estado de la degradación de la materia y la energía en el universo, la tendencia general del hombre y las cosas hacia la corrupción, la pérdida de la identidad, la muerte: un discurrir de lo animado a lo inanimado, un pasaje de la vida a la muerte, que sólo puede ser diferido por la memoria y la acción de narrar.

En la primera parte los restos de quienes alguna vez fueron vivos son depositados en la morgue como en una última parada en espera de una clasificación oportuna en la que el billete o boleto de viaje es una etiqueta en el dedo pulgar del pie. Son sólo restos, no tienen nombre, han perdido su identidad. Un número de matrícula es la única identificación para ese nacimiento invertido que implica el pasaje y desaparición del mundo hacia otro espacio que es el espacio de lo narrado.

Es un cadáver que se particulariza a partir de un nombre, el de Carlo, que actúa como un disparador y, a partir de allí, del hallazgo de ese cadáver, es desde donde se empieza a contar el itinerario que debe realizar el protagonista en busca de la identidad. El investigador tiene un cadáver y un nombre, pero los datos son engañosos, los restos pertenecen a alguien que en vida fue otro de sí mismo, enmascarado bajo un nombre falso que le permitía fingir y ocultar el suyo propio.

La búsqueda va llevando a Spino de un lugar a otro, hacia el no-lugar; cada vez que transpone los marcos –tanto espaciales como temporales–, aquello que pretende alcanzar, nuevamente se desplaza. En la narrativa tabuchiana, la búsqueda es lo que importa, y el objeto de esa búsqueda va mutando, enmascarando el dispositivo que la hace posible. Las personas mudan en otras y las palabras hacen resonar otros ecos, entre los que aparecen nuevamente los textos de Pessoa, para quien escribir es una búsqueda de la identidad perdida a través del vacío del existir, un vivirse en otros.

Tabucchi es, además de escritor, traductor de Pessoa y como él también hace vivir sus personajes en otros, en un desplazamiento semiótico en el que se ponen en escena los desvíos y retornos de la letra. Esto imposibilita la certeza, ya no se puede seguir un canon tradicional de lectura; si el conocimiento es incierto, aquello que puede percibirse es el descentramiento, la dislocación.

En el juego de la temporalidad también podemos encontrar la paridad en el presente por el que transcurre y discurre Spino, y el pasado que recuerda. Un pasado que varía en el uso de los tiempos verbales, ubicándose en un presente atemporal que actúa como bisagra entre el recorrido del protagonista por la vida y por la evocación, pasando por todos los pretéritos hasta el *tempo* en que el personaje intenta encontrarse. Este dispositivo le imprime a la novela una textura en relieve, obligando al lector a enredarse en los pliegues del texto, sin posibilidad de tomar aliento.

La alienación de los personajes y el enroscarse permanente del texto son propios de la literatura llamada *posmoderna*, literatura que surge como consecuencia de las formas anteriores, ya agotadas para algunos críticos y que abre nuevas líneas de tematización para otros, poniendo en "cortocircuito" los planos de lo ficcional y de lo fáctico; alterando las leyes de contigüidad espacio-temporales, permutando algunos espacios por otros y produciendo en el sujeto que lee —como una provocación— la incertidumbre, el desequilibrio. ¿El desasosiego pessoano?

En la narrativa de Tabucchi pueden encontrarse algunos rasgos de la literatura de la posmodernidad, pero imbricados con otros que se inscribirían en la literatura de la modernidad; por lo tanto, podríamos pensar que se trata de textos de tipo mixto.

Spino es un investigador y hay un cadáver; pero qué es o qué significa ese cadáver es un enigma por resolver. El lector no puede completar el ciclo para la resolución de ese enigma porque éste se desplaza como una línea, aparenta estar siempre allí, al alcance de las miradas y las palabras pero es, a la vez, distante.

Podríamos decir que un texto que siempre se desplaza, llevando al lector hacia un terreno incierto, es seductor. Como dice Jean Baudrillard, la seducción es lo que sustrae al discurso su sentido y lo aparta de su verdad, entonces será allí donde hay que buscar lo que desplaza y seduce en sentido propio y lo hace seductor: su apariencia. Tal vez no haya nada detrás del enigma, una vez que se logre descorrer el velo. La apariencia, entonces, como el lugar de un juego y de un estar en juego.[6]

El filo o la línea del horizonte según la perspectiva es una ilusión, parece estar allí pero, en la medida en que nos acercamos, advertimos que se trata de una "apariencia engañosa".[7]

> En realidad, la línea del horizonte es un lugar geométrico, porque se desplaza mientras nosotros nos desplazamos. Me gustaría mucho que mediante un sortilegio mi personaje lo hubiera alcanzado, porque también él lo llevaba en los ojos.[8]

La noción de perspectiva está fuertemente arraigada en Occidente desde el Renacimiento pero antes, en Aristóteles, puede rastrearse la *skia graphía* (o perspectiva) como lo falso, no porque no exista sino porque se manifiesta como algo que en realidad no es. Como pintura es un objeto

6. Véase Jean Baudrillard, *De la seducción*, Buenos Aires, REI, 1994.

7. Aristóteles, citado en Jean Louis Labarrière *et al., Teoría, política y comunicación*, Gedisa, Barcelona, 1992.

8. Antonio Tabucchi, "Nota al margen", en *La línea del horizonte*, Anagrama, Barcelona, 1988. Todas las citas del presente trabajo remiten a esta edición.

real, pero hace ver al que mira desde determinado punto
de vista, algo que no existe sobre la tela. La *skia graphía*,
indistinta de cerca y engañosa de lejos, no procede del arte sano –"arte de la copia", *mimesis*– sino del perverso "arte de la apariencia", *phantastiken*. Podríamos extrapolar
estos conceptos y pensar que el engaño en los textos de
Tabucchi opera como un enmascaramiento; el discurso
oculta o disfraza el qué de la historia.

Según P. M. Schuhl, la *skia graphía* ("dibujo en sombra
y color") procedería de una transformación de la pintura,
como consecuencia de las innovaciones realizadas en el
teatro que se alejan del arte arcaico de Polygnoto y Policle-
to para acercarse al arte de Apolodoro, apodado "el esquí-
grafo". Esta transformación es una parte de la óptica llamada "escenografía".[9]

Escenografía nos remite nuevamente al teatro, el cine,
a la máscara: el arte de fingir. En el teatro y en el cine se
finge; como el poeta fingidor, el actor finge ser otro, se enmascara. Enmascararse es cubrirse la cara con otra cosa,
maquillaje, gesto o apariencia, para no ser reconocido o
practicar actividades rituales o intimidatorias. Desde la
antigüedad los pueblos se transfiguran pintándose el rostro, alteración que oculta misteriosamente. El discurso parece enmascarar, entonces, cubrir de otros sentidos el
cuerpo –cadáver– textual para fingir una fisonomía que se
superpone a otra y la transforma como si fuera un ritual,
en el que los atavíos de la ceremonia sólo llevarán al misterio de negar el cuerpo, a partir de ese ritual que implica
obligar al cuerpo a significar. Ocultando se obliga al cuerpo a significar en una especie de ceremonia en la que ata-
viar, enmascarar, dibujar, escribir para seducir van ocultando el cuerpo de la trama, es entonces cuando aquello
que en principio pudo ser pensado como un enigma no lo
es, dejando al descubierto el desafío de la simulación. Todas las transformaciones tienen algo de profundamente
misterioso y vergonzoso a la vez, puesto que lo equívoco o

9. Véase Jean Louis Labarrière, ob. cit.

ambiguo se produce en el momento en que algo se modifica lo bastante para ser otra cosa, pero aun sigue siendo lo que era. Por ello las metamorfosis tienen que ocultarse, de ahí la carga simbólica de la máscara. La máscara como una fachada se convertirá entonces en un principio válido de identidad, el sujeto queda suspendido entre lo que es y lo que simboliza su apariencia. En este sentido por el cual el texto se enmascara como un otro, si hablamos de género no podríamos hablar de uno en particular, sino de un género mixto que a veces se disfraza de policial y otras de fantástico bajo la tercera posibilidad del velo realista y así se entrelaza en una cinta sin fin.

Podríamos aventurar una hipótesis: hay un sujeto que busca (Spino) y un objeto que es buscado (la pregunta por el ser del cadáver hallado) y una tercera posibilidad, que dialoga con el paratexto[10] en el epígrafe:

> El haber sido pertenece en cierto modo a un "tercer género", tan radicalmente heterogéneo del ser como del no ser.
>
> VLADIMIR JANKELEVITCH

El epígrafe junto con el prefacio acciona los mecanismos condicionantes de la lectura. En esta novela no hay prefacio, pero podría considerarse el epígrafe como tal, en tanto comparte la posibilidad de entablar un diálogo en este caso explícito con el resto. Es una dislocación, salirse fuera de la línea prefijada, como lo es la tercera posibilidad, dicha entre el "ser" y el "no ser" de esas dos instancias temporales. "Haber sido" es tal vez encontrarse a sí mismo como otró, la propia identidad enajenada por el transcurrir del tiempo. Cuando el protagonista recuerda, se enajena en el tiempo, ya no reconoce a quién pertene-

---

10. *Paratexto:* Gerard Genette (en *Palimpsestos,* Madrid, Taurus, 1989) establece distintas formas de transtextualidad como "todo aquello que se lo relaciona, manifiesta o secretamente con otros textos", siendo la paratextualidad la relación que un texto mantiene con títulos, subtítulos, prólogos, epílogos, advertencias, notas, ilustraciones, faja, etcétera.

cen esas voces ni en qué circunstancias las había escuchado; aquello que lo ha marcado sólo conserva la huella
de la impresión:

> Veranillo de San Martín, el invierno se echa encima. Lo
> decía alguien, cuando él era pequeño, y Spino se ha esfor-
> zado en vano en recordar quién era [...] Y en su interior
> una voz infantil decía riendo: ¡tres pequeños huerfanitos!,
> ¡tres pequeños huerfanitos! Era una voz chillona y malig-
> na, pero ajena a él, procedente de un tiempo remoto,
> cuando de los recuerdos se conserva la turbación pero no
> el acontecimiento que la produjo.

O marcas en el mundo que no pueden fijarse pues se
duda si aquello que se ve es así realmente o sólo es recor-
dado, pero sin embargo quedan como cicatrices.

> Vico Spazzavento es un nombre que le va que ni pinta-
> do a este callejón aplastado entre muros llenos de cicatri-
> ces [...] le ha parecido que el tiempo no había transcurri-
> do, que todo se había desarrollado con demasiada celeri-
> dad, como un acontecimiento acaecido en un tiempo re-
> moto y que la memoria revive en un relámpago.

En esta novela hay una nota al margen que "cierra" como un segundo postigo la ventana por la que el autor nos
deja espiar ese "otrarse en prosa", como decía el poeta portugués. Pero aunque las iniciales A.T. nos remitan ilusoriamente a Antonio Tabucchi, A.T. podría ser otro fingido
por el autor, que finge estar fuera del texto, pero que a pesar de la ambigüedad y de la explicación lógica de algunos
interrogantes aparece como otro recurso propio de la literatura de la posmodernidad: la pretensión de la presencia
del autor en el texto.

Una identidad y otra, yo y otro, sujetos que se desdo-
blan algunas veces y que son una recurrencia en los textos de Tabucchi, como si se tratara de un juego no precisamente especular sino más bien una red de signos que se
va entretejiendo en los espacios en los que Spino se mue-

ve. Como en el rizoma,[11] cada vía puede entrar en conexión con otras, cada deducción o avance discursivo puede enlazarse con otros. Es aquí donde se alteran las leyes de la causalidad, no se puede descifrar todo, siempre queda un resto que instala cierta ambigüedad semiótica y en su desvío nos corre nuevamente de lugar.

En el juego de los pares, Corrado y Spino conforman un par, comparten algunas características y a la vez se diferencian, ambos son investigadores, aunque Corrado no sólo investiga el acontecimiento sino que lo da a conocer recubriéndolo con palabras: es periodista.

Otro par: Carlo Nobodi (al principio también llamado Noboldi) –que ha fingido ser otro, como el que se maquilla y se transforma con el velo de un nombre falso, un nadie a partir del juego con el nombre que nombra a alguien que es Nobodi, *nobody* (cuya traducción del inglés es *nadie*)– y el cadáver de Carlo Nobodi un cuerpo que "ha sido" y a partir de cuyo hallazgo se empieza a contar.

> Ni siquiera han querido decirme cómo se llama –ha concluido molesto– sólo sé que llevaba documentación falsa.

Hay dos espacios que contrastan dos tiempos: la ciudad vieja con los muros corroídos y los rastros de otro tiempo vivido y revivido a partir de los grafiti que sólo pueden darse a leer en los intersticios que dejan los *matorrales de alcaparras que han recubierto las pintadas desteñidas.*

Sobre los muros corroídos se narran las historias de los habitantes de la ciudad que pueden ser descifradas como pueden serlo los exvotos o los epitafios de las tumbas del cementerio al que llega el protagonista por una "cita".

11. *Rizoma:* Gilles Deleuze (en *Rhizome,* París, Minuit, 1976) usa este término para designar estructuras diferentes de las de la lógica binaria, a las que opone el término cosmos-raicilla en lugar de cosmos-raíz. "Un rizoma como tronco subterráneo se distingue absolutamente de las raíces y raicillas [...] el rizoma en sí mismo tiene formas muy diversas, desde su extensión superficial ramificada en todos los sentidos, hasta sus concreciones en bulbos y tubérculos [...] cualquier punto de un rizoma puede ser conectado con cualquier otro y debe serlo", pp. 15-16.

Ciertas claves remiten a otros códigos de representación y van armando una urdimbre tendida por la mirada del narrador:

> Han preferido subir por el camino señalado en la guía
> de las iglesias que prometía un sendero empinado pero
> pintoresco, con escorzos de vistas sobre el golfo y sobre el
> interior [...] han entrado a la iglesia por la puerta lateral
> cercana al ábside donde hay un fresco en el que un jinete
> sobre un caballo blanco atraviesa el paisaje dominado por
> una ingenua representación alegórica, sobre un fondo de
> barbechos y fiestas a la izquierda y de incendios y ahorca-
> mientos a la derecha. Después se han paseado a lo largo
> de las naves, contemplando los exvotos colgados de las pa-
> redes. La mayor parte son motivos marineros: naufragios,
> visiones milagrosas que salvan de la tempestad, veleros
> con la arboladura devastada por los rayos que encuentran
> el rumbo adecuado por intercesión de la Virgen.

Palabras e imágenes vistas o evocadas han quedado "detenidas", "congeladas"; el tiempo se ha detenido como en las fotografías. Cada vez que se vuelven a mirar se repiten esas imágenes con la misma celeridad con la que pueden ser evocados los recuerdos.

La fotografía permite un desciframiento del antes, es en cierto modo un gesto de asir la vida, cuyo recuerdo a veces melancólico –la *saudade* pessoana– siempre pone en escena la preterición. La marca del hoy sobre ese instante del pasado inscribe a modo de palimpsesto[12] un signo sobre otro y da a leer un recorte que, en tanto fragmento y ampliación, arma otra significación.

> Ha notado que aquel grupo familiar se negaba a volver
> a exhibirse en el escenario de las imágenes para satisfacer

12. *Palimpsesto*: la duplicidad del objeto por la que una función nueva se superpone en una estructura antigua, en el orden de las relaciones textuales, "puede representarse mediante la vieja imagen del palimpsesto, en la que se ve, sobre el mismo pergamino, cómo un texto se superpone a otro al que no oculta del todo sino que lo deja ver por transparencia". G. Genette, ob. cit., p. 495.

la curiosidad de una persona extraña, en un lugar extraño, en un tiempo que ya no era el suyo. Ha entendido también que estaba evocando unos fantasmas que intentaba arrancarles, con la innoble estratagema de la química, una complicidad coaccionada, un equívoco. [...] Un arañazo, que la ampliación ha aumentado de forma desmesurada, lacera diagonalmente sus cuerpos y su paisaje.

El segundo espacio es la ciudad nueva, en la que la muerte acecha.

Sara, ayer la amante de Spino, hoy su compañera, se desenvuelve en este segundo espacio. Spino en el primero, aunque puede transponer el borde que es un límite marcado por sujetos marginales: él mismo, ancianos, prostitutas, vendedores ambulantes, pescaderas, jóvenes desocupados, adictos; y objetos de desecho, restos que dan a leer rastros de una cultura: jeringas, bolsas de plástico, ratas muertas.

Spino parece ser quien puede sortear el límite entre esos dos espacios; más bien, el espacio por el que se pierde es aquel en donde todo es posible, el espacio de la ficcionalidad del discurso, construido con palabras que operan como claves o cifras y arremolinan el sentido, desplazándolo hacia un "fuera del texto".

Cuando Spino busca un dato para no errar el camino, se encuentra con Harpo, un pianista que le ha dicho que probara una dirección, pero no estaba seguro. Hay en este personaje una alusión a los hermanos Marx y a la película *Casablanca,* que produce un desvío, mayor aún si pensamos en la parodia[13] *Una noche en Casablanca* protagonizada por los mismos actores.

---

13. *Parodia:* según Gerard Genette, es una forma de transtextualidad llamada *hipertextualidad:* relación de un texto con otro anterior del cual deriva por transformación (el *Ulises* de James Joyce respecto de la *Odisea* de Homero) o por imitación (la *Eneida* de Virgilio respecto de la *Odisea*). La parodia es un desvío del texto con transformación mínima. El que hace parodia o travestimiento (otra forma de transtextualidad), dice Genette, "se apodera de un texto y lo transforma de acuerdo con una determinada coerción formal o determinada intención semiótica", ob. cit., p. 100.

Las alusiones como formas intertextuales quiebran una lectura cómoda y nos envían a un más allá del texto y a un arte que utiliza otros códigos narrativos, como el cine. Con esos fragmentos se va armando la trama de la novela; estas resonancias provocan un vértigo que no hace más que dislocarnos nuevamente.

El itinerario de Spino continúa por la panadería Da Egle, en este lugar los personajes se caracterizan por su aspecto grotesco, que a veces llega al patetismo en el viejecito de aspecto vivaz, con el cabello teñido de un negro que en las sienes adquiere reflejos rojizos –como ocurre con ciertos tintes de mala calidad–, corbata abigarrada y zapatos blancos y marrones calados. Allí recibe otro dato posible que lo lleva a la tienda del herbolario situada en el Vico Spazzavento.

El nombre del callejón Vico Spazzavento, cuya traducción es *remolino* o *viento que levanta polvo y detritus del piso*, es el que otra vez dispersa el sentido:

> El viento forma un remolino justo en donde un filo de sol, cruzando angosturas y trapos que ondean en lo alto contra un pasillo de cielo, ilumina un montoncito de detritus que giran en redondo: una corona de flores secas, periódicas, una media de nailon.

A pesar del mandato, "procure no equivocarse" y "las instrucciones están en la etiqueta", Spino no tiene, y los lectores tampoco, la certeza del paso del tiempo.

Otro espacio es frecuentado por Spino, poco estable, situado entre la vigilia y el sueño, en el que como un centinela se mantiene alerta para no ser raptado. En algunos casos esta suerte de no lugar parece un camino que, debido a la imposibilidad de ser localizado con certeza, pertenece al campo de la vacilación.

El propio personaje, que ya es otra versión de sí, durante el sueño sufre una permutación. El sueño es un raptor, para no ser raptado totalmente hay que tomar otra apariencia, enmascararse, aparentar un cambio, una permutación, una metamorfosis; y simular que se ha tomado otro camino, el de los sueños ajenos. La permutación le permite a Spino entrar en los sueños de Sara:

> Sara lleva diez años diciendo que sería hermoso irse, y él le contesta que un día u otro tal vez convenga hacerlo. Por un tácito acuerdo la conversación sobre el tema nunca ha continuado más allá de esas dos frases rituales: sin embargo, eso no impide que él sepa cuánto sueña Sara su imposible partida. Lo sabe porque no le resulta difícil acercarse a sus sueños [...] Sudamérica es pequeña en el espacio de un sueño.
>
> Lo han traído en plena noche, la ambulancia ha llegado en silencio, con las luces bajas, y Spino ha pensado inmediatamente: ha ocurrido algo horrendo. Creía estar durmiendo y sin embargo ha oído perfectamente el motor de la ambulancia [...]

> Después de la comida ha descansado un poco, con los ojos abiertos y la cabeza apoyada en las manos, pero no ha percibido nada, exactamente como si durmiera. Se ha quedado sintiendo el tiempo que fluía lento, el cucú del reloj sobre la puerta de la cocina...

Algunas actitudes de los personajes migran hacia otros textos o es acaso Tabucchi quien nos traslada de un texto a otro, excediendo los límites de su propia obra para llevarnos a otros autores. En *La línea del horizonte* –cuya primera edición es de 1986– anticipa el tema de "soñar sueños de otros", que será la materia narrativa de *Sueños de sueños* publicada en 1992, preocupación que según dice en las entrevistas es un ejercicio para pasar las noches de insomnio.

Los procedimientos literarios de Tabucchi se cruzan con los de otros autores, como Marcel Schwob, quien en *Vidas imaginarias*[14] retoma un personaje de la novela de aventuras, el capitán Kid (nombre que desata la semiosis), cuya principal característica además de la piratería es saber escribir; este personaje, que remite a cierta ge-

14. Marcel Schwob. *Vidas imaginarias*. Buenos Aires, Nuevo Siglo, 1995.

nealogía, muere ahorcado en un relato. En el relato siguiente del mismo libro, su cadáver es reconocido por otro pirata a partir de sus ropas y a pesar del paso del tiempo. Se insinúa una reflexión sobre la escritura, presente en otros escritores de este siglo: se escribe con restos, con fragmentos de textos escritos por otros, alguna vez leídos, recordados y resignificados en el momento de producir otra textura.

Los espacios se contaminan, se cruzan y confunden, como confuso parece soñar sueños de otros, transponer las barreras del propio texto y dialogar en un espacio y tiempo diferentes.

El punto de fuga es tal vez mantenerse en el espacio intermedio, el de la ensoñación, en el cual no puede ser concebida la separación entre la vigilia y el sueño. El sujeto no está ya frente al mundo sino en los contornos en los que aquello que de cerca parecía nítido, se muestra difuso, su apariencia es engañosa. El sujeto está hundido en su ensoñación, como en un dentro que no tiene fuera y sin poder encontrar el límite, el camino que lo sitúe y a la vez lo proteja de la incertidumbre, el rapto y la vacilación.

Vacilante está Spino, sin embargo, en el recorrido por los pasillos del cementerio; con restos de restos, los epitafios, va construyendo el final de la novela. En el comienzo hay un cadáver, un interrogante sobre la identidad del cuerpo hallado que deberá ser descifrado. En el final hay una afirmación "Soy yo, estoy aquí" y nada como respuesta, sólo la oscuridad. Entre el interrogante y la afirmación no hay nexos, no se nos permite como lectores (o al menos no se nos da la certeza) aseverar si el protagonista ha encontrado la identidad del cadáver, si ha encontrado la suya, quién es en definitiva, y cuál es la oscuridad. Lo que sí ha quedado al descubierto, o al menos en parte, es el dispositivo o la estrategia de acomodar, de recubrir un cuerpo sin órganos, con fragmentos de una memoria porosa, poniendo como objetivo final aquello que nunca será alcanzado. Al fin y al cabo poco importa responder a los interrogantes.

Lugar privilegiado el de la ficción que permite deslizarse en esta suerte de vaivén como en un juego que mantiene tanto a la actividad de lectura como a la de escritura en constante movimiento. En el deseo por la letra no todo es vigilia ni todo es posible de ser apresado, aprehendido, expuesto, siempre va a quedar un resto como intersticio entre esta lectura y las próximas, que posibilita que el sentido no quede clausurado.

Buenos Aires, octubre de 1997-septiembre de 1998

ANTONIO TABUCCHI POR ÉL MISMO

*Ha escrito Maurice Blanchot que un libro, aun-
que sea fragmentario, posee siempre un centro
de atracción: "Centro que no es fijo, sino que
se desplaza debido a la presión del libro y a
las circunstancias de su composición. Tal centro, además, si lo es de verdad, se desplaza
permaneciendo igual y haciéndose siempre
más central, más secreto, más incierto e imperioso".*

ANTONIO TABUCCHI, *Un baúl lleno de gente*

Este capítulo es una compilación de citas de Antonio
Tabucchi, tomadas de sus textos de ficción, ensayos,
artículos y entrevistas en diarios y revistas, ordenadas
luego por temas. La diferencia en la extensión de cada
apartado es consecuencia, por una parte, de que algunos
de esos temas están articulados en sus textos de tal modo
que exceden la posibilidad de ser condensados en citas y,
por otra, de que no hemos repetido las que ya aparecen
en el cuerpo de los artículos.

CINE

Yo creo que la mejor actitud es ver la película como algo diferente de la novela, sin esperar que sea una transposición fiel. Creo que este tipo de fidelidades son las que más traicionan a un libro. Lo que cuenta es la fidelidad al espíritu de la obra literaria, aunque se utilice un lenguaje diferente como es el del cine. La película *Sostiene Pereira* es sobre todo Marcello Mastroianni. La escena final, en la que Pereira se aleja entre la gente, ha quedado como una representación simbólica de la partida de Mastroianni de este mundo. (*La Nación*, 27 de julio de 1997, entrevista de Pedro Corral)

Los italianos siempre están de broma, dijo, ¿le gusta Totó?, muchísimo, dije yo, ¿y a usted?, he visto todas sus películas, dijo él, me gusta más que Alberto Sordi. ("El juego del revés", en *El juego del revés)*[1]

[...] y no la llamaban palmera sino que la llamaban Giosefine, lo que se debe al hecho de que habiéndoles llevado una vez al cine a ver a Totó en *Cuarenta y siete muerto que habla*, en las actualidades se veía a la célebre cantante francesa negra de dicho nombre que bailaba con un sombrero precioso, hecho con hojas de palmera [...] ("Carta de Casablanca", en *El juego del revés*)

También me gusta mucho Hitchcock, del que he visto varias veces casi todas su películas, especialmente *La ventana indiscreta*, con esa extraordinaria idea del punto de vista o mirada única, y *Vértigo*. Tampoco me disgusta cierta veta francesa del mismo género, películas de los mismos años con Jean Gabin, como *Quai des brumes*, que añaden a la tradición del cine negro el tema de la provincia, el *papier-maïs* entre los labios, la boina, etc. No en vano uno de mis escritores preferidos, al que no he nombrado antes por descuido, es Simenon. Las revisitaciones de este tipo de películas, por parte de directores de la *nouvelle vague* como Chabrol, me parecen ya más amaneradas. (Carlos Gumpert, *Conversaciones con Antonio Tabucchi*, Barcelona, Anagrama, 1995)

---

1. Todas las referencias de las obras de Antonio Tabucchi en este apartado remiten a la bibliografía incluida en este volumen.

Al oírle hablar me parecía sumergirme de nuevo en mis lecturas escolares o en los sueños de mi infancia, en los cuentos de Tarzán, en las aventuras de Cino y Franco, en las películas de Ava Gardner y de Humphrey Bogart. ("Paraíso celeste", en *El juego del revés*)

Otra de mis grandes pasiones de juventud, que ha perdurado hasta hoy, es Totó. Cuando yo era más joven, estaban de moda películas muy intelectuales, como *El eclipse o La noche*, de Antonioni, que eran casi de visión obligatoria. A mí también me atraían, claro, pero a veces, cuando el grupo de mis amigos iba a verlas, yo me escapaba para ir a ver por mi cuenta *47, morto che parla, Totó cerca casa, Guardie e ladri*, etc. Totó entonces estaba considerado un subproducto cultural, puesto que aún no había tenido lugar su revalorización gracias a la película de Pasolini *Pajaritos y pajarracos. (Conversaciones con Antonio Tabucchi)*

Podría haberme hecho la intelectual arriesgándome con Sartre de quien había leído un cuento (por otra parte horroroso), pero preferí ser cauta y hablé de Françoise Sagan, que en el fondo también tenía algo que ver con el existencialismo. Y luego mencioné al Hemingway de las *Nieves del Kilimanjaro* (había visto la película con Ava Gardner) y *Vinieron las lluvias* de Louis Bromfield. Madame me preguntó si conocía los trópicos. Dije que no, *desgraciadamente*, pero que un día u otro tendría que hacerlo, hasta ahora no había tenido ocasión. Y luego pasamos a la pintura. ("Paraíso celeste", en *El juego del revés*)

Otro criterio que me gusta seguir es el de los géneros. El artista de género es como un artesano especializado en un producto, que es el único que ha aprendido a hacer bien, como un sastre que hace solamente camisas, pero en el que vuelca todo su amor por el trabajo manual y la obra bien hecha. Uno de mis géneros preferidos es la ciencia-ficción, y puedo citar a propósito una extraordinaria película que he vuelto a ver recientemente, *Blade Runner*, de Ridley Scott; pero tendría que hablar también de otras más antiguas, como *La guerra de los mundos o La invasión de los ultracuerpos*, inferiores en cuanto a efectos especiales, tal vez, pero no en cuanto a hondura o espectáculo. Y es que la ciencia-ficción, cuando es buena, es siempre algo filosófica y metafísica y se plantea cuestiones sobre la existencia, como sucede precisamente con la película de Scott. *(Conversaciones con Antonio Tabucchi)*

INFANCIA

Por ejemplo, mira, éstos son los pies de mi padre, yo le llamo Costantino Dragazete, que fue el último emperador de Bizancio, un hombre valeroso y desgraciado, todos lo traicionaron y murió solo en las murallas de la ciudad, pero a ti sólo te parecen dos pies de celuloide, los encontré en la playa la semana pasada, el mar trae a veces trozos de muñecas, encontré estas dos piernas y entendí inmediatamente que se trataba de papá, el cual, desde el lugar donde se hallaba, me enviaba la imagen de sus pies para introducirse en mi *recuerdo*, lo sentí, no sé si me entiendes. Y yo le decía, sí, bueno, claro que lo entiende, pero en fin también podríamos jugar a otra cosa, un juego al aire libre, en el jardín, en casa todos dormían, era tan emocionante escabullirse cuando todos hacían la siesta y la casa estaba envuelta en el silencio. De todos modos, si eso no le gustaba, podíamos echarnos panza abajo en la alfombra de su habitación y leer *El fantasma de la Ópera*, esta vez no haría ni el más mínimo movimiento para no distraer su lectura, prometido, me gustaba tanto cuando ella leía con su voz susurrante cerca de mi oído, me parecía estar soñando: seré tu humilde oyente, te lo juro, Cleliuccia. ("Los hechizos", en *Pequeños equívocos sin importancia*)

Yo creo que, desde un punto de vista literario, la infancia como tema es interesante sólo si se trata de una infancia perversa, y ése es el sesgo que creo haberle dado siempre. Otras posibilidades de considerarla, como la de la infancia como paraíso perdido, por ejemplo, no me interesan y no me he ocupado de ellas. Concibo, pues, esta infancia a la que denomino perversa, entre comillas, como una infancia que espía el mundo de los adultos, intentando imitarlo sin entenderlo, pero con la sospecha de que es algo más grande que ella aunque no sepa exactamente de qué se trata. Ésta es la infancia que defino como perversa. Por otra parte, no creo por completo en la edad de la inocencia, creo que en cuanto alcanza un vislumbre de razón el niño espía a los adultos. Yo tengo personalmente esa sensación, la de que los niños nos espían. De ahí proceden las infancias de las que he hablado en mi obra que, para entendernos, son la de "Las tardes del sábado", que forma parte de *El juego del revés*, la infancia algo encantada, algo mágica y algo embrujada que aparece en "Los hechizos", perteneciente a *Pequeños equívocos sin importancia* y, ya en el límite casi de la adolescencia y del mundo adulto, la del relato "Nochevieja" de *El ángel negro*. Son tres infancias en las que

está sucediendo algo misterioso, que nosotros no somos capaces
de entender y de lo que tal vez los niños posean la clave, aunque
probablemente ni siquiera sean conscientes de ello. Por tanto, y
para concluir, creo que la vida de los adultos y la vida de los niños se desarrollan en dos planos completamente distintos que no
tienen capacidad de entendimiento ni cauces de comunicación.
(Conversaciones con Antonio Tabucchi)

Me agradaría hablarte de mi infancia, de un período difícil de
Italia, de la pobreza de un país en el que crecí y creció mi generación. Descubrí entonces la literatura. La descubrí como eva-
sión, como sueño, como deseo, porque la realidad era demasiado
miserable y agobiante. Mi tío, que escribía comedias que nunca
llegó a publicar, tenía una pequeña biblioteca y un día me regaló
un libro: *La isla del tesoro* de Stevenson. A través de ese libro descubrí el encanto de la literatura. Es cierto que ya lo había descubierto *oralmente*, porque de noche, junto a la chimenea, escuchaba a mi tío, como en medio de un encantamiento, que me contaba sus historias de la Gran Guerra y del fascismo. ¡Qué maravilloso narrador era mi tío! ¡Cómo me gustaba escucharle! Creo que
así me hice escritor, aprendiendo a escuchar (muchas de esas
historias terminaron luego en mi primera novela *Piazza d'Italia*,
que tarde o temprano volveré a publicar). Vino después la adolescencia y la escuela. ¡Qué aburrida era la escuela en ese entonces
y, quizá, lo siga siendo hoy! La literatura consistía en un compendio de literatura y la filosofía en un compendio de filosofía. Me en-
señaron a no leer, sin embargo leía a escondidas. Me hice mayor.
Leí a Hegel que, según mi profesor, era el filósofo más grande de
la época moderna. Sólo más tarde comprendí que enseñaba muchas ilusiones. Pero en esa época era difícil no creer en la Historia con una mayúscula. Al revés, era obligatorio creer en ella.
Luego, descubrí la escritura. Por lo general, en la juventud, se escriben poemas, es la forma más corriente de expresión. Yo no
sentía ninguna inclinación por la poesía y nunca la he escrito. Lo
que me gustaban eran las historias: escucharlas y contarlas. Y
así escuchaba las historias de los demás y, después, me las contaba a mí mismo, escribiéndolas. Tiré todas esas cosas y es mejor así. Luego, llegó la vida. La vida con su fuerza, su violencia, su
lado perentorio. *(La Página, IV, 15, 1994, Barcelona)*

Sus primeros años estuvieron acompañados de pequeños po-
trillos moteados y de cantilenas arcaicas de sirvientas que venían

de los montes de São Miguel, donde los pueblos son de lava y tienen nombres como Caldeiras y Pico do Ferro. Era un niño sereno y pálido, de cabello rojizo y ojos tan claros que a veces parecían transparentes. Pasaba las mañanas en el patio de una sólida casa, donde las mujeres custodiaban las llaves de los armarios y las ventanas tenían cortinas de grueso encaje. Él corría y lanzaba pequeños gritos alegres, y era feliz. Amaba mucho a su hermano mayor, en quien una silenciosa locura ofuscaba durante largos períodos una inteligencia rara y extravagante: con él inventó un juego que llamaban *El Cielo y la Tierra*, donde las fichas eran guijarros y conchas, y que jugaban sobre un tablero circular trazado sobre el polvo. ("Antero de Quental", en *Dama de Porto Pim*)

Naturalmente, toda la literatura es un poco autobiográfica. Se trata de un sentimiento que he experimentado cuando era un niño. De pequeño, sentía deseos y envidia hacia el mundo de los adultos, y creo que espiaba ese mundo, lo miraba con mucha atención y, a pesar de entender los gestos, las actitudes y los movimientos, no conseguía descifrarlos. Es como cuando un adulto contempla un cuadro, por ejemplo del Bosco, sin el suficiente bagaje cultural, o sin los instrumentos para descifrarlo. Advierte los detalles pero no entiende el conjunto. De la misma forma, en mi infancia, esforzándome por reconstruir ese conjunto del mundo adulto para llegar a comprenderlo, lo modificaba a mi manera y, dándole un significado que probablemente era distinto al de los adultos, lo pervertía. De esta conciencia y del recuerdo de esta conciencia procede quizá esta visión mía de la infancia.

Por lo demás, personalmente tuve una infancia feliz en líneas generales, en el sentido de que he tenido unos padres afectuosos y una familia algo patriarcal, con unos abuelos que me han cuidado y que incluso me han mimado bastante. A pesar de todo, no siento nostalgia por la infancia, quizá porque estábamos en la posguerra y la vida era dura y difícil. Además, me siento mejor en el mundo de los adultos, la vida me ha ido gustando más a medida que he ido creciendo. *(Conversaciones con Antonio Tabucchi)*

"Tío Jacopo", le rogaba entonces, "cuéntame".

Y permanecía escuchando, con los ojos abiertos de par en par por la admiración, el relato de los faunos y los silenos, ebrios de luz y de vida, que se zambullían en el azul y salían riendo, chorreando salitre en los leonados torsos vellosos, y desaparecían persiguiéndose en el bosque, saltando entre los nogales.

"¿En este bosque, tío?"

"Sí, claro, en este bosque. Aquí entre el tamarisco y el mirto, en esta playa mediterránea donde rió el etrusco, aquí se renueva el mito."

De esta forma llegaban hasta el tenue dique de arena que custodiaba la desembocadura del río, a unos cincuenta metros de los barracones de los pescadores. Era un lugar discreto, porque el tío Jacopo quería observar a los pescadores al natural, sin que, al sentirse observados, se cohibieran en sus movimientos al tirar las redes. Se sentaba en el taburete de tela y formando un tubo con la mano como si fuera un objetivo, encuadraba a uno de los pescadores, absorto en dar la vuelta al cabrestante de la gran red. ("Nochevieja", en *El ángel negro*)

Sí, se puede decir que en mí la vocación por la escritura no se manifestó prontísimo. Primero se manifestó efectivamente una gran vocación por la lectura: descubrí la escritura activa siendo en primer lugar un escritor pasivo, es decir, un lector. Antes que nada, tengo que hacer una distinción entre mi infancia y mi adolescencia, porque no se puede decir que yo haya sido un voraz lector infantil, como lo fue Borges. Leí con placer muchos libros, naturalmente, pero la verdadera pasión por la lectura, el deslumbramiento de la literatura, tuvo lugar en mi adolescencia, en unas circunstancias algo especiales. Pero hablemos antes de mis lecturas infantiles.

De entre los libros que me hicieron descubrir el placer de la lectura en mi infancia, citaría como mínimo tres: *Pinocho*, de Collodi, *Los viajes de Gulliver*, de Swift y *Don Quijote de la Mancha*, de Cervantes. Entonces yo estaba convencido de que los tres eran libros para niños, porque los dos últimos los había leído en versiones reducidas y adaptadas para un público infantil. Sólo cuando fui creciendo descubrí que *Don Quijote* era aquel libro inmenso que ciertamente no había sido escrito para los niños. Así que me puse a leerlo de nuevo, aunque lo hice fascinado también por la memoria de la infancia, por todo lo que había despertado en mí cuando era niño. Además, recuerdo que cuando lo leí por primera vez lo hice en una bella edición popular, con las ilustraciones de Doré que hacían volar la imaginación. En resumen, se podría decir que partí de *Don Quijote*.

Pero, como decía antes, la verdadera pasión por la lectura y, como consecuencia, la verdadera vocación por la escritura, la descubrí a los catorce años, cuando un accidente me tuvo inmovilizado en la cama durante un año entero, enyesado. Fue un período muy curioso, porque al principio me aburría muchísimo. El aburrimiento, por lo demás, es una sensación que experimento muy a menudo en mi vida, pero en aquel periodo lo sentí de manera lancinante. Me parecía que estaba a punto de acabar conmigo, hasta que en cierto momento descubrí que aquel tedio podía ser acallado gracias a la lectura. Tenía una abuela simpática e inteligente que me compraba libros, y fue ella, de ese modo, quien me hizo descubrir esta gran pasión que estaba escondida en mi interior y que yo no conocía. Otra persona muy importante para mí en aquel período fue mi tío materno. Era el intelectual de la familia. Escribía comedias teatrales que nunca llegó a publicar y poseía una pequeña biblioteca especializada en literatura inglesa, porque eran los autores que más le gustaban. Así, yo empecé con Jack London, que se convirtió en una de mis grandes pasiones, y con quien descubrí esencialmente el gusto por la aventura y la mirada, que nadie como él sabe dirigir hacia la realidad que lo circunda. También me asomé a lo que, en aquel entonces, era para mí algo muy exótico: América del Norte, los grandes espacios, Canadá, la nieve, la frontera... un mundo fascinante y muy atractivo: era la aventura en la aventura. London ha sido el primero que me ha motivado hacia estas grandes pasiones. Luego llegaron las obras de Stevenson, sobre todo *La isla del tesoro*, que es uno de los libros más bellos del mundo, uno de los que sin duda alguna me llevaría a una isla desierta. (*Conversaciones con Antonio Tabucchi*)

[...había una palmera] Quizá tú no la recuerdes porque fue abatida, si la memoria no me engaña, el año en que ocurrió aquello, o sea el cincuenta y tres, creo que en el verano, yo tenía diez años. Nosotros tuvimos una infancia feliz, Lina, tú no puedes recordarla y nadie ha podido contarte nada, la tía con la que creciste no puede saberlo, sí claro, puede decirte algo de papá y mamá, pero no puede describirte una infancia que ella no conoció y que tú no recuerdas. ("Carta desde Casablanca", en *El juego del revés*)

Mi producción de entonces tiene un carácter algo venal, como verán enseguida. Cuando era un niño, me especialicé en escribir las cartas de Navidad, que eran el equivalente a la carta a los Reyes Magos que escriben los niños españoles. En mis tiempos existía todavía esta costumbre que se ha ido perdiendo: se escribía a la familia por Navidad para pedir algún regalo y se dejaba

la carta debajo del plato de alguno de los parientes durante la
gran comida de Navidad que, en el mundo patriarcal que conocí,
veía a toda la familia reunida. Aquellas cartas de los niños, que
los adultos fingían hallar entre marcados aspavientos de sorpresa bajo los platos, se leían en la mesa. Era una suerte de juego
que se establecía entre niños y padres que comprendía una serie
de convenciones que había que respetar. La carta consistía fundamentalmente en una exposición por parte del niño de sus vir-
tudes y de su bondad, de lo que había hecho de positivo durante el año para merecer el regalo del adulto. Pero dado que yo era
un niño díscolo, autor de constantes travesuras, me veía obligado a inventar el comportamiento modelo que no había tenido, de
modo que relataba una serie de episodios completamente inven-
tados a los adultos presentes quienes, por otra parte, sabían perfectamente que estaba mintiendo. Pero existía una especie de
complicidad entre ellos y yo, por la que aceptaban esas reglas del
juego. Esas cartas, con un poco de buena voluntad, podrían ser
consideradas los primeros relatos de ficción que he creado. *(Conversaciones con Antonio Tabucchi)*

El Capitán Nemo le hizo un gesto para que se acercara. Le
pareció advertir que, tras el cristal de la escafandra, una vaga
mueca de desprecio y de piedad aleteaba sobre los labios de su
guía. Se detuvo temeroso y turbado, pero el gesto de invitación
de Nemo era perentorio. Avanzó tímidamente, con un presagio
de disgusto y de sacrilegio. En el centro de la cruz había un marco ovalado con una pequeña fotografía difuminada en los bordes: su padre, vestido de oscuro y con la pistola en un costado,
saludaba eternamente con el brazo extendido a los abismos que
tenía enfrente. Su primera reacción fue la de huir, para desaho-
gar su pena lejos de la mirada de su compañero. Pero en ese momento sintió la mano de Nemo que se apoyaba sobre su hombro.
Se dio vuelta y vio aquel rostro que siempre había conocido im-
pasible y férreo, desencajado por el dolor, con los ojos humede-
cidos por el llanto. Entonces comprendió cuánto le amaba Nemo,
y sintió el deseo de abrazarle, de estrecharse contra aquel pecho
paterno y de olvidar llorando su dolor infantil. ("Nochevieja", en
El ángel negro)

Yo crecí en una civilización en la que los pequeños objetos co-
tidianos eran muy importantes, no estaban fabricados en serie,
no eran de esos que, en caso de perderse o estropearse, podían

comprarse en un supermercado. No, aquellos objetos que conocí
en mi infancia normalmente eran únicos, hechos a mano; eran
valiosos, y por tanto era sumamente importante conservarlos,
transmitirlos. Me gusta registrar, describir minuciosamente los
objetos en un mundo que desecha y sustituye todo mecánicamente, donde las pequeñas cosas ya no cuentan para nada. El
mío era un mundo en el que todas esas pequeñas cosas impor-
taban y, probablemente, han pasado a ser importantes en mi narrativa. Es por tanto un hecho cultural, educativo, e, inconscien-
temente, mi atención se ha concentrado en ellos. *(Conversaciones
con Antonio Tabucchi)*

Durante todo mayo y una parte de junio los dias transcurrie-
ron bastante aprisa. Mamá estaba ocupadísima con sus azaleas,
que aquella primavera venían muy atrasadas, parecían reacias a
brotar, como si también ellas hubiesen sufrido con toda la familia, las flores son tan sensibles, decía mamá arrodillada ante la
jardinera, se dan perfecta cuenta de lo que pasa, son sensitivas;
y yo estaba enfrascadísimo en la tercera declinación, especialmente con los parasílabos y los imparasílabos, no conseguía
acordarme de lo que acababan en *um* y los que acababan en *ium*,
la profesora había dicho este niño va mal desde el principio del
curso, confunde todas las declinaciones, y además qué quiere
que le diga señora, el latín es una lengua exacta, es como las ma-
temáticas, hay quien está dotado y quien no lo está, su hijo va
mejor en la redacción libre, de todas formas si estudia puede recuperar. Y así me había pasado todo el mes de mayo tratando de
recuperar, pero evidentemente no había recuperado lo suficiente.
("Las tardes del sábado", en *El juego del revés)*

En mi opinión, artistas en potencia somos todos, especialmente en edad infantil, cuando creemos, como el chiquillo de
Pascoli, en el juego, en esa otra realidad que el juego pone en movimiento, cuando estamos convencidos de que junto a la realidad
factual existe otra que se halla dentro de nosotros. Después, la
mayoría de las personas, al crecer, pierden esta parte de sí mismos o dejan que se les atrofie. Y entonces hay que dar la razón a
Pascoli cuando afirma que el artista llega a serlo porque es capaz
de conservar en su interior el niño que había sido y de llevarlo
consigo toda la vida. Así pues, según esto en el alma de los artistas hay un duendecillo escondido que en cada uno adopta una
conformación distinta: en Pascoli, era ese chiquillo; en Groddeck,

se llama Ello; en Pessoa, es un heterónimo; en Pirandello, una
máscara. En mi caso, probablemente, es un doble, ese genio de
los cuentos de hadas que asume tantos rostros y tantos aspectos que es imposible reconocerlo, excepto porque siempre, en
cualquier modo, te refleja. Cuando escribe, eres tú, pero al mismo tiempo no lo eres, sientes como si estuvieras hospedando a
alguien en tu interior, que a veces tiene un extraordinario poder
sobre ti. *(Conversaciones con Antonio Tabucchi)*

JUEGO

El juego consistía en esto, decia Maria do Carmo, nos colocábamos en círculo, cuatro o cinco niños, se contaba y a quién le tocaba se ponía en el centro, apuntaba a uno del corro y le lanzaba una palabra, una cualquiera, por ejemplo *mariposa*, y el otro debía pronunciarla enseguida al revés, pero casi sin pensar, porque el del centro contaba uno dos tres cuatro cinco, y al cinco ya había ganado, pero si conseguías decir a tiempo *asopiram*, entonces el rey del juego eras tú, pasabas al centro del corro y lanzabas tu palabra a otro. ("El juego del revés", en *El juego del revés*)

Creo que el juego, como sostienen eminentes estudiosos como Huizinga o Cailloi, es una parte fundamental de nuestra vida. No creo que exista una edad para el juego y otra edad para la razón y el no-juego. Creo que en la vida continuamos jugando seriamente, con la misma seriedad con que se juega en la infancia, por otro lado. *(Conversaciones con Antonio Tabucchi)*

[...] ella me cogía la mano y me decia oye, quién sabe qué somos, quién sabe dónde estamos, quién sabe por qué estamos, escúchame, vamos a vivir esta vida como si fuese un revés, por ejemplo esta noche, tú piensas que eres yo y que me estrechas entre tus brazos, yo pensaré que soy tú y que me estrecho entre mis brazos. ("El juego del revés", en *El juego del revés*)

Creo en el juego serio, en el verdadero, en ése en el que se arriesga algo importante, en el que uno puede incluso llegar a jugarse la existencia. Y escribir puede llegar a ser el mejor cauce para apuestas de este tipo, pero hay que ser consciente de que se está tomando parte en un juego muy comprometido, muy serio, en el que si haces algún tipo de trampas, la literatura se venga de ti y de lo que has hecho. *(Conversaciones con Antonio Tabucchi)*

"Pues entonces escúcheme", dijo el señor vestido de azul, "le propongo un juego. Juguemos a hacer una bonita suposición, ¿está de acuerdo?" ("¿El aleteo de una mariposa en Nueva York, puede provocar un tifón en Pekín?", en *El ángel negro*)

El juego tiene una reglas que hay que respetar, porque en eso precisamente consiste y, en el fondo, la vida social funciona del mismo modo: mediante reglas que han sido fijadas por los hombres y se han incorporado a su cultura, y que por lo tanto hay que respetar. Por ejemplo, si nos presentamos ante un juez o un sacerdote con dos anillos dorados, él utiliza cierta fórmula para preguntarnos si deseamos contraer matrimonio, yo respondo que sí y ella también, las reglas del juego han quedado establecidas y a partir de ese momento estamos casados. Creo que la vida toda funciona con estos mecanismos. *(Conversaciones con Antonio Tabucchi)*

MEMORIA

En efecto, tengo la confianza, tal vez algo ilusoria, de que la literatura es una forma de memoria. La literatura es una forma, laica si se quiere, de respuesta a la necesidad religiosa del hombre. En una época como la nuestra, tan fútil, tan superficial, en la que todo aparece y desaparece en unos instantes, yo he preferido depositar mi confianza en la palabra escrita, porque las imágenes, que nos están bombardeando cotidianamente, que se nos amontonan sin dejar probablemente una huella profunda en nuestra memoria, despiertan en mí muchas sospechas; de ahí mi preferencia por la palabra escrita. Creo además que la literatura tiene mucho que ver con el recuerdo, porque escribir significa también el deseo de recordar, deseo de recordar incluso la propia imaginación porque, como sucede a menudo, la imaginación nos visita durante unos momentos y luego desaparece. Si no la fijamos, no podremos transmitirla después; si no la memorizamos, corre el riesgo de convertirse en un fantasma. Por ello, la memoria y la escritura son un remedio contra esos fantasmas que se van tan rápidamente como vinieron. *(Conversaciones con Antonio Tabucchi)*

Cada vez que imaginaba cómo habrían podido desarrollarse los hechos aquella noche, le llegaba la voz nasal e irónica de Tadeus que pronunciaba pausadamente una de aquellas frases suyas que querían decir todo y nada: porque es un buen viático. Y de inmediato todo comenzaba a tomar cuerpo y a dibujarse en sus perfiles: el Jardim do Príncipe Real, con el árbol centenario y su recinto de casas amarillas, la calle estrecha y recorrida por un tranvía chirriante, aquella fría tarde de un año lejano, el noviembre de mil novecientos sesenta y nueve, la habitación del segundo piso, repleta de libros, minúscula, y en el interior, sus amigos, los cuatro con las caras de entonces, hombre y mujeres ya hechos y derechos, sí, pero en aquella época siempre se aparentaban menos años, quién sabe por qué, quizá la manera de vestir o el corte de pelo, y de todas formas los cuatro eran jóvenes, apenas veinteañeros, llenos de esperanza y de buena voluntad, hablando con el célebre poeta, ahora ya casi un viejo, que en su juventud había sido batallador y feroz, y después se había doblegado a su pesar a los acontecimientos, a la vida, la ferocidad se le había transformado en sarcasmo y amargura, y de las batallas conservaba el escepticismo de quien ha librado batallas, las ha perdido y sostiene que es en vano librarlas. ("Noche, mar o distancia", en *El ángel negro*)

La sensación nítida de ello *(de haber adquirido un estilo nuevo y propio)* la tuve cuando escribí el cuento que se titula "El juego del revés". Hasta entonces, en las dos novelas que llevaba publicadas, no había tenido el valor de exponerme, de ser autorreferencial. Había hablado de una sociedad que ya no existía, de un mundo campesino que me había rodeado en mi infancia, de una región como Toscana, escenario de violentos conflictos sociales, etc., pero me había faltado el coraje de entrar de lleno en lo que escribía, es decir, para introducirme en la escritura como personaje. Entonces, debía de ser el año 1979, estando en Portugal, mientras meditaba acerca de un cuadro que acaba de contemplar y de una experiencia que acababa de vivir, se me ocurrió la idea de escribir un cuento en el que el personaje protagonista, convencionalmente llamado "yo", hablara en primera persona y estuviera dotado por vez primera de una notable carga de autorreferencialidad. En ese personaje quería introducirme yo también y cuando me di cuenta de que lo había conseguido, comprendí que mi escritura había cambiado y que había adquirido un nuevo estilo. Ése fue el momento del cambio. *(Conversaciones con Antonio Tabucchi)*

Durante mucho tiempo he conservado en mi memoria una frase de Chateaubriand: *Inutile phare de la nuit*. Creo haberle atribuido siempre un poder de desencantada consolación: como cuando nos apegamos a algo que se revela un *inutile phare de la nuit* y sin embargo nos permite hacer algo sólo porque creíamos en su luz: la fuerza de las ilusiones. En mi memoria esta frase iba asociada al nombre de una isla lejana e improbable: *Ile de Pico, inutile phare de la nuit*.

Cuando tenía quince años leí *Les Natchez*, libro incongruente y absurdo y a su manera magnífico. Me lo regaló un tío mío que abrigó durante toda su no larga vida el sueño de ser actor y que probablemente amaba en Chateaubriand la teatralidad y la escenografía. El libro me fascinó, cautivó mi imaginación y la arrastró con prepotencia entre los bastidores de la aventura. Recuerdo algunos pasajes con toda precisión y durante años he venido creyendo que la frase del faro le pertenecía. ("Otros fragmentos", en *Dama de Porto Pim*)

Estaba leyendo el final de aquel poema que todavía le quedaba por explicar y recordó aquella frase de una tarde de tantos años antes, su primer traje elegante, chaqueta y pantalones, una gabardina marrón con una raya amarilla, un traje horrendo, después se había dado cuenta, cuanto entendió cómo debe uno vestirse, pero entonces le había parecido perfecto. O mejor aún, importante. Exagerado para la oficina, pero indispensable para la tesis doctoral. Se había mirado en el escaparate, era una tienda de ropa de la avenida Libia, trajes baratos pero impecablemente cortados, se sentía bien en aquel traje recién estrenado, puede que le diera un aspecto un poco arrogante, pero eso no era malo, con los demás uno no podía mostrarse condescendiente, si no era el fin. Rencor. Llamémoslo dinamismo, más bien, o ritmo vital, pensó, una manera como otra de no ser devorado en este mundo de lobos. ("El rencor y las nubes", en *Pequeños equívocos sin importancia*)

Cuando tenía entre diecisiete y dieciocho años, teníamos en Vecchiano un club de amigos. Era un lugar de encuentro, en el que nos divertíamos bailando y charlando, pero donde editábamos también un periódico en el que se recogían leyendas, historias del pueblo, de nuestras tradiciones, etc. Quizá teníamos ya la idea de que era algo que se estaba perdiendo, porque nos hallábamos en los años del *boom* económico y se tendía a vivir proyectándose hacia el futuro más que hacia el pasado, por lo que ciertas tradiciones folclóricas populares iban poco a poco desapareciendo; así que nosotros, con la ingenuidad propia de los adolescentes, intentábamos recogerlas al menos en parte. El pequeño periódico se llamaba *Ottoclub* porque lo habíamos creado entre ocho personas, aunque después se fueron incorporando otros amigos y amigas. Salía dos o tres veces al año y lo vendíamos por la calle. *(Conversaciones con Antonio Tabucchi)*

Me habría gustado decirle: Maddalena, siempre he estado enamorado de ti, quien sabe por qué no he conseguido decírtelo antes [...] Y entonces le dije a toda velocidad: muchas son las maldades del mundo pero el hombre las supera todas incluso más allá del mar de espuma bajo el impetuoso viento del sur él avanza y atraviesa las peligrosas olas que rugen a su alrededor, que era una frase de la Antígona, que yo le decía en la representación tantos años atrás; quien sabe cómo me acordé tan bien y no sé si ella lo recordaba, si era capaz de entender, me estrechó

la mano y se la llevaron. ("Pequeños equívocos sin importancia",
en *Pequeños equívocos sin importancia*)

Y he sentido la nostalgia de la Simplificación, como si los mi-
llones de años que habían producido unos seres que se llamaban
Federico, Leo, Maddalena, el Diputado y yo mismo, estos millo-
nes de años se disolverán por arte de magia en una partícula de
tiempo hecha de nada. ("Pequeños equívocos sin importancia",
en *Pequeños equívocos sin importancia*)

Es cierto que me gusta la literatura italiana. Creo que algunos autores del siglo xx italiano, como Pirandello y Svevo, me
han influido. Como también me han influido Diderot y Flaubert,
descubiertos en París cuando era un joven estudiante curioso; o
mis anglosajones predilectos (Kipling, Stevenson, Conrad), que
alegraron mi juventud; también me ha influido Pessoa, al que
traduje, sobre quien escribí un ensayo y en cuya compañía viví
numerosos años. No formo parte de ningún grupo literario, de
ningún movimiento. A veces, me siento más contemporáneo de
Apuleyo que de ciertos escritores de mi generación. Soy un aislado. Y me gusta serlo, porque el hecho de escribir significa también la soledad. Y en la soledad llegan las historias. ¿Pero de
dónde llegan las historias? ¿De dónde provienen? ¿Quién nos
las envía? Tiendo a pensar que las historias planean en el aire
como almas perdidas, a la búsqueda de alguien que pueda aco-
gerlas, a la búsqueda de una antena receptora. Yo juego el papel de antena receptora. Porque *estoy a la escucha*. Cada noche
le agradezco al Dios desconocido que, desde sus espacios inte-
restelares, haya hecho llegar una historia a mi pueblo, para mí.
Bien es verdad que también "robo" las historias de otros, porque
hay tantas historias que los demás conocen y no pueden escribir que es justo robarlas y contarlas por ellos. También por eso
soy alguien que escucha, al igual que cuando era niño escuchaba las historias de mi tío sobre la Gran Guerra y el fascismo. Y
así se cierra el círculo y he vuelto a lo que te decía al principio.
(*La Página*, 15)

[...] probablemente desde muy joven tuve la conciencia de que
la literatura es en gran parte memoria y, claro está, también memoria colectiva, cuya perduración depende casi totalmente de la
transmisión escrita. ¿Qué quedaría del pasado del hombre sin la
escritura? La misma disciplina de la historia no sería concebible
sin ella. (*Conversaciones con Antonio Tabucchi*)

Todo lo que he conocido / tú me lo escribirás para recordármelo, / con cartas, / y yo también lo haré, / te diré todo tu pasado.

El abogado calló. Había apartado el plato y estrujaba en su mano la servilleta.

–Hölderlin –continuó–, es un poema titulado "Wenn aus der Ferne", es decir, "Si desde la lejanía", es uno de los últimos. Digamos que hay personas que esperan cartas desde el pasado, ¿le parece algo plausible en lo que creer?

–Tal vez –respondió Firmino– pudiera ser algo plausible, aunque me gustaría entenderlo mejor.

–Es simple –murmuró el abogado–, cartas del pasado que nos expliquen un tiempo de nuestra vida que nunca entendimos, que nos den una explicación cualquiera que nos haga aprehender el significado de tantos años transcurridos, de aquello que entonces se nos escapó, usted es joven, usted espera cartas del futuro, pero suponga que existan personas que esperen cartas del pasado, y que quizá soy de esas personas y que incluso me aventuro a imaginar que un día me llegarán. (*La cabeza perdida de Damasceno Monteiro*)

Quizá se deba en gran parte a la educación que he recibido, orientada mucho más a la contemplación que a la audición, a lo visual que a lo musical. Como todo aquel que vive en Toscana he crecido teniendo siempre ante mi vista a Masaccio, Botticelli, Leonardo, el Beato Angélico, Brunelleschi, Vasari... He tenido siempre ante mis ojos la belleza a través de las formas, no a través de los sonidos, de ahí tal vez esta tendencia general mía. A mí la música me gusta sólo relativamente, es la verdad, y, entre paréntesis, soy un pésimo receptor de ella. Tengo una cultura musical bastante escasa y, además, soy incapaz de escuchar, me distraigo demasiado, pienso en mis cosas. (*Conversaciones con Antonio Tabucchi*)

Puede decirse que descubrí *Las Meninas* de verdad la primera vez que fui a El Prado, exactamente en 1964, ya que, aunque lo conocía antes naturalmente por reproducciones, hay siempre una enorme diferencia entre éstas y el cuadro original. Fue un encuentro que me deslumbró, porque fui consciente de que me hallaba ante la pintura más misteriosa del mundo, o al menos de la modernidad; un misterio, con todo, que no aparece inmediatamente sino que se va descubriendo a medida que se contempla el cuadro: cuanto más se contempla, más misterioso parece ese misterio. Se trata de un lienzo que, como los historiadores del arte nos han enseñado, es en realidad un concepto que está basado en el punto de vista, en la manera de mirar y de ser mirados, y que divaga sobre lo que significa mirar y lo que significa ser mirados. Creo que se produjo en mí un cortocircuito que me hizo pensar, curiosamente, en otra gran figura, pero de nuestro siglo, que ha escrito mucho sobre el problema de la mirada, como es Samuel Beckett; entendí entonces la fuerza con que Velázquez era capaz de ser moderno y de dialogar con el hombre moderno. Cuando más adelante vi la película *Film* de Beckett, entonces el cuadro me intrigó todavía más y sentí la necesidad de volver a contemplarlo. Es un cuadro inagotable porque, cuanto más lo miras, más te intriga, independientemente de sus cualidades estéticas, que las tiene, naturalmente y en alto grado, pero no quiero entrar en ello. Me refiero a la conceptualidad que ese cuadro conlleva. Y me di cuenta entonces de que el cuadro que podía contemplar sin agotarlo era el cuadro que yo prefería, era *mi* cuadro. *(Conversaciones con Antonio Tabucchi)*

El impresionismo es una pasión que tuve en mi juventud cuando, al acabar el instituto, me fui a París, donde descubrí a los pintores impresionistas. Posiblemente, me han dejado sugestiones pero nada más porque, con el paso del tiempo, ha disminuido mi interés por este movimiento. Creo que una fuerte emoción estética como entonces no me la provocarían hoy, aunque hace poco vi un Bonnard de 1900, un desnudo femenino, en una galería de Melbourne, en Australia, que me produjo una intensa impresión. Pero Bonnard no es exactamente un impresionista, sí, acaso, un posimpresionista. *(Conversaciones con Antonio Tabucchi)*

Pero el gran duque mira hacia el mar con sus ojos vacíos, ahora las nubes que se han puesto a galopar hacen galopar también a su corcel, como si volaran juntos hacia su pasado, también en ellos en sentido contrario; y te levantas y recorres la plaza que tantas veces has recorrido en tu vida, te acuerdas todavía de aquel viejo cine que se quemó, te llevaban de niño para ver a Charlot, sales al Lungarno y te apoyas en el preṭil, hacia la desembocadura se ha abierto una franja de luz violeta, siniestra, hay más gente por aquí pero son transeúntes con prisas, no hablan, piensas rápidamente adónde ir, él quiere hablarte, su voz necesita una voz o, mejor, eres tú quien quiere que él te hable

ahora, debes hablar, Tadeus, no se puede decir algo así y dejar-
lo a medias; dónde estás la ciudad es grande, ¿estás aquí o me
esperas en alguna parte? ("Voces traídas por algo, imposible saber qué", en *El ángel negro*)

[...] y mientras tanto piensas de nuevo en aquel verano, que
tan esmeradamente habías olvidado ocultándolo en un sótano
sobre el que habías colocado una pesàda tapadera. Y ahora esta
tapadera, como por arte de magia, se ha movido, se ha desliza-
do, abriendo una fisura. ("Voces traídas por algo, imposible saber
qué", en *El ángel negro*)

[...] lo recuerdas siempre que pasas por delante, ibas a esperar a una chica que se llamaba Cristina, hace muchísimo tiempo, no tienes ni ganas de calcularlo, eras otra persona, qué extraño, pero el recuerdo ha perdurado en esta persona tuya de
ahora... ("Voces traídas por algo, imposible saber qué", en *El ángel negro*)

[...] salí lentamente procurando imprimir en la memoria la
expresión de la figura del fondo, recuerdo que pensé en las palabras de María do Carmo: la clave del cuadro está en la figura
del fondo, es un juego del revés; atravesé el parque y cogí un autobús hasta la Puerta del Sol. ("El juego del revés", en *El juego
del revés*)

María do Carmo me contaba su infancia bonaerense [...] estaba lleno de italianos, decía, mi padre tenía un viejo gramófono de
bocina, se había traído de Portugal algún disco de fados, era el
treinta y nueve, la radio decía que los franquistas habían ocupado Madrid, él lloraba y ponía sus discos, los últimos meses lo recuerdo así, en pijama sobre un sillón llorando en silencio y escuchando los fados de Hilario y de Tomás Alcaide [...] ("El juego del
revés", en *El juego del revés*)

[...] y la humareda del barco que se alejaba en el horizonte
despertaba la nostalgia de una Europa remota como un cuento
infantil, ya inestable en los recuerdos, tal vez inexistente. ("Teatro", en *El juego del revés*)

Un viejo que canta es un viejo que chochea, aunque en otros
tiempos lo habrían encontrado divertido. Otros tiempos. Dijo:

otros tiempos, Lucrezia, tengo ganas de hacerte una visita yo
también, nos veremos dentro de unos segundos. Se arrellanó en
el sillón y fingió para sí mismo que dormitaba. Lucrezia venía a
su encuentro por un paseo marítimo. Era Rapallo, claro, no podía ser más que Rapallo. Llevaba una falda de tweed y unos zo-
rros alrededor del cuello. ("La trucha que se agita entre tus piedras me recuerda tu vida", en *El ángel negro*)

Los recuerdos, cuando son lejanos, se asemejan a la imaginación, parecen un sueño. ("La trucha que se agita entre tus piedras me recuerda tu vida", en *El ángel negro*)

[...] marcharse lejos con la imaginación o con el recuerdo, que
era lo mismo, flotar en el aire y volar, salir de aquella habitación
insoportable, pasar en vuelo rasante sobre la ciudad, coger la dirección del mar y planear sobre la playa de Bocca di Magra, tra-
gándose los años hacia atrás, como si los respirara, hasta llegar
a los años 30. ("La trucha que se agita entre tus piedras me recuerda tu vida", en *El ángel negro*)

Había tardado ocho años en borrar de mi existencia el colegio
de Charleroi, y no iban a ser los gustos de Madame los que me
llevasen de nuevo a aquellos recuerdos. ("Paraíso celeste", en *El
juego del revés*)

Los he visto sentarse, como asistiendo a un ritual incomprensible y lejano pero proyectado hacia el futuro, y la imagen de
aquellos hombres graves sentados detrás del estrado coronado
por un crucifijo se ha disuelto tras la imagen de un pasado que
para mí era el presente, exactamente igual que en una película
antigua, y, en el cuaderno de apuntes que había traído mi mano
ha escrito, casi por cuenta propia, Strada anfosa, mientras yo estaba en otro lugar, dejándome llevar por el retroceso de la evocación. ("Pequeños equívocos sin importancia", en *Pequeños equívocos sin importancia*)

Ahora Tadeus parecía más serio, menos burlón, como si algo
le preocupara. ¿Qué te ocurre, Tadeus?, le pregunté. No sé, dijo,
quizá tenga un ataque de melancolía, tengo nostalgia de aquellos
tiempos en que caminábamos así por la ciudad, ¿te acuerdas?,
en aquella época era todo distinto, todo brillaba más, como si estuviera más limpio. Era la juventud, le dije, eran nuestros ojos.
(Réquiem)

¿Y qué adelantas con saberlo?, dije, no te sirve de nada, la vida es lo que será, no hay que hacer, déjalo, padre. No, no, dijo mi Padre Joven, después lo olvidaré todo en cuanto salga de la Pensión Isadora, tengo una muchacha esperándome en la calle de Moeda, en cuanto salga de aquí lo olvido todo, pero ahora necesito saber, por eso estoy persiguiéndote. *(Réquiem)*

Y recordó Sevilla, muchos años antes, la torre de la Giralda, la virgen de la Macarena, una conmemoración solemne por un poeta muerto siglos atrás en una sala con muebles austeros y oscuros. ("Esperando el invierno", en *Pequeños equívocos sin importancia*)

Es sabido que, en los últimos años de su vida, Primo Levi, aunque se negara por decencia a refutar las tesis revisionistas, estaba muy angustiado por ellas. Pero quien tiene la suerte de no tener padres o hermanos fusilados por el fascismo, ni, por fortuna aún mayor, ha estado en Auschwitz como Primo Levi, puede permitirse replicar a tales teorías poniendo en evidencia su lado grosero. [...] Pero basta, basta. Es envilecedor tener que perder el tiempo para explicar que el agua está mojada. Dejemos que sean las propias fotografías las que hablen, porque se está intentando hacer con las palabras lo que los funcionarios del régimen stalinista hacían con las fotografías tijera en mano, cortando rostros y actitudes no apreciadas. Se quiere recuperar a Franco, pero se pretende cortar los brazos de su historicismo "saludo romano", quizá por considerarlo poco elegante. ("Saludos romanos en España", *La Nación*, 12 de julio de 1998)

A pesar de sostener, como lo he dicho antes, que la literatura es una forma de memoria colectiva, debo precisar que no tengo mucha confianza en la memoria individual, creo que es una falsaria formidable. Me explico mejor. En primer lugar, la memoria es selectiva, como sabemos. Además, se mezcla a menudo con una serie de sensaciones que se experimentan inevitablemente cuando se recuerda algo. No existe, pues, un recuerdo en estado puro, se presenta siempre cargado de emociones que de alguna forma lo contaminan. Recientemente, unos psicólogos americanos han realizado un experimento: han hecho asistir a un acontecimiento cualquiera, un accidente de circulación, por ejemplo, o algo por el estilo, a cinco o seis testigos. Después los han interrogado y han escuchado sus versiones. Ninguna de éstas coincidía o, mejor dicho, aunque coincidieran en los puntos esencia-

les, se trataba en todos los casos de una versión distinta. Por
tanto, creo que el recuerdo puede estar falseado por nuestro modo de vivirlo, por nuestro modo de ver, por nuestro modo de pensar y, sobre todo, por nuestro modo de sentir. Por todo ello, creo
que el recuerdo y la imaginación andan cogidos de la mano, efectivamente, y mis personajes no constituyen una excepción. *(Conversaciones con Antonio Tabucchi)*

METAMORFOSIS Y TRAVESTIMIENTO

Sirvió el vino y se decidió finalmente a encender el cigarro.

–Tengo un testigo ocular –dijo con lentitud–, las cosas que ha visto me permiten pedir la revisión del caso.

–¿Un testigo ocular? –repitió Firmino–, ¿eso qué quiere decir?

–Un testigo ocular del asesinato de Damasceno Monteiro –respondió don Fernando.

–¿Quién es? –preguntó Firmino.

–Se llama Wanda –dijo don Fernando–, es un conocido mío.

–¿Wanda? –preguntó Firmino.

El abogado saboreó un sorbo de vino.

–Wanda es una pobre criatura –respondió–, una de esas pobres criaturas que vagan por la superficie del mundo a las cuales no les ha sido prometido el reino de los cielos. Eleuterio Santos conocido como Wanda. Es un travesti.

[...] Abrió la puerta e hizo ademán de salir. Pero se detuvo en el umbral.

–Abogado –dijo–, nadie va a creer en ese testimonio.

–¿Usted cree? –preguntó el abogado.

–Un travesti –dijo Firmino–, hospital psiquiátrico, fichado por prostitución. Imagíneselo. *(La cabeza perdida de Damasceno Monteiro)*

Sólo me queda por decir que Damasceno Monteiro es el nombre de una calle de un popular barrio de Lisboa en el que tuve la ocasión de vivir. *(La cabeza perdida de Damasceno Monteiro)*

¿No oís mi canto?, gritaba Ovidio, ¡éste es el canto del poeta Ovidio, aquel que os enseñó el arte de amar, que habló de cortesanas y de cosméticos, de milagros y de metamorfosis!

Pero su voz era un zumbido uniforme y la multitud se apartaba delante de los caballos. Finalmente, llegaron al palacio imperial y Ovidio, sosteniéndose torpemente sobre sus patas, subió la escalinata que lo conducía frente al César. [...]

Ovidio había compuesto un breve poema de ágiles versos afectados y placenteros para que alegraran al César, pero ¿cómo decirlos, pensó, si su voz era tan sólo el zumbido de un insecto? Y entonces pensó en comunicar sus versos al César mediante gestos y empezó a agitar suavemente sus majestuosas alas coloreadas en una danza maravillosa y exótica. [...] El César era un hombre rudo, al que le gustaba la frugalidad y la virilidad. No podía soportar que aquel insecto indecente ejecutara delante de él aquella danza afeminada. Llamó con palmadas a los pretorianos y éstos acudieron.

Soldados, dijo César, cortadle las alas. Los pretorianos desenvainaron la espada y con pericia, como si podaran un árbol, cortaron las alas de Ovidio. Las alas cayeron al suelo como si fueran suaves plumas y Ovidio comprendió que su vida finalizaba en aquel momento. ("Sueño de Publio Ovidio Nasón, poeta y cortesano", en *Sueños de sueños*)

Apuleyo se encontró solo, en el escaso círculo de gente que quedaba. Sacó de su bolsa dos monedas de plata, pagó y se puso a mirar el espectáculo. La mujer aferró el falo del asno y restregándoselo con lujuria sobre el vientre empezó a bailar una lánguida danza, apartándose los velos para mostrar sus encantos. Apuleyo se acercó y levantó una mano, y en aquel momento el asno abrió la boca, pero en lugar de rebuznar emitió palabras humanas.

–Soy Lucio, dijo, ¿no me reconoces?

–¿Qué Lucio?, preguntó Apuleyo.

–Tu Lucio –dijo el asno–, el de tus aventuras, tu amigo Lucio. ("Sueño de Lucio Apuleyo, escritor y mago", en *Sueños de sueños*)

La literatura y la filosofía son pródigas en ciudades fantásticas. Todo empezó con Platón, que hizo derivar de Parménides Apariencia/Verdad. El diálogo *El sofista* está construido sobre la imposibilidad de distinguir lo verdadero de lo falso de modo que aquel que posee la verdad, dice Platón, tiene también derecho a mentir. Con tal procedimiento se inventó Platón de la nada un continente (y una civilizadísima ciudad adversaria de Atenas) que, sin embargo, dice Platón, fue engullida por el mar: la Atlántida. La Atlántida es la primera ciudad fantástica de la literatura, y su mentira ha atravesado los siglos hasta llegar hasta nosotros como verdad. [...] La ciudad de Helsingor; con su castillo, aunque exista realmente, se convierte en lugar fantástico con el castillo de Elsinor del *Hamlet* de Shakespeare. Del mismo modo, son maravillosamente fantásticos el entero país de Alicia, la Babel de la Biblioteca y la Babilonia de la Lotería de Borges, el Macondo de García Márquez, las geométricas *Ciudades invisibles* de Italo Calvino. ("Amadas ciudades ideales", *La Nación* 29 de noviembre de 1998)

[...] Llegó un doctor vestido de blanco y Antón Chejov le pidió papel y lápiz.

–Usted no puede escribir porque tiene demasiada teorética –dijo el doctor–, usted es solamente un pobre moralista, y los locos no pueden permitírselo.

–¿Cómo se llama usted?, le preguntó Antón Chejov.

–No puedo decirle mi nombre –respondió el doctor–, pero sepa usted que odio a los que escriben, especialmente si tienen demasiada teorética. Es la teorética lo que estropea al mundo.

Antón Chejov sintió ganas de abofetearlo, pero entretanto el doctor había sacado un lápiz de labios y se estaba retocando la boca. Después se puso una peluca y dijo: –Soy su enfermera, pero usted no puede escribir, porque tiene demasiada teorética, usted es solamente un moralista, y ha venido a Sajalín en camisón. Y, diciendo esto, le liberó los brazos. ("Sueño de Antón Chejov, escritor y médico", en *Sueños de sueños*)

Ah, conque estaba en Sudáfrica, era justo lo que él quería. Cruzó las piernas con satisfacción y vio sus tobillos desnudos bajo los pantalones de marinero. Comprendió que era un niño, y eso lo alegró mucho. Era maravilloso ser un niño que viajaba por Sudáfrica. Sacó un paquete de cigarrillos y encendió uno con delectación. Ofreció uno al conductor, quien lo aceptó ávidamente. ("Sueño de Fernando Pessoa, poeta y fingidor", en *Sueños de sueños*)

No sabía que Caeiro fuera usted, dijo Fernando Pessoa, y saludó con una ligera inclinación. Alberto Caeiro le indicó con un gesto cansado que entrara. Adelante, querido Pessoa, dijo, he hecho que viniera hasta aquí porque quería que supiera usted la verdad.

[...] Pessoa se acordó que no debía levantar el meñique porque no era elegante. Se arregló la esclavina de traje de marinero y encendió un cigarrillo. Usted es mi maestro, dijo.

Caeiro suspiró y después sonrió. Es una larga historia, dijo, pero es inútil que se la cuente con pelos y señales, usted es inteligente, y la comprenderá aunque me salte algunos pasajes. Sepa sólo esto: yo soy usted.

Explíquese mejor, dijo Pessoa.

Soy la parte más profunda de usted, dijo Caeiro, su parte oscura. Por eso soy su maestro. ("Sueño de Fernando Pessoa, poeta y fingidor", en *Sueños de sueños*)

–Porque tiene usted muchos problemas, querida Dora –dijo Frau Marta–, tiene usted muchos problemas, como todos nosotros, necesita confiarse a alguien, y, créame, nadie mejor que el doctor Freud para las confidencias, él lo comprende todo acerca de las mujeres, a veces parece incluso una mujer, de tanto como se ensimisma en su papel.

[...] El doctor Freud se detuvo irritado.

–Y tú ¿cómo lo sabes? –le preguntó.

Lo sabe toda Viena, dijo el mozo del carnicero, tú tienes demasiadas fantasías sexuales, lo ha descubierto el doctor Freud. ("Sueño del Doctor Sigmund Freud, intérprete de los sueños ajenos", en *Sueños de sueños*)

MUERTE

Cuando Maria do Carmo Meneses de Sequeira murió, yo estaba contemplando *Las Meninas* de Velázquez en el museo del Prado. Era un mediodía de julio y yo no sabía que ella se estaba muriendo. ("El juego del revés", en *El juego del revés*)

La única cosa que Garibaldo no lograba comprender de la vida era la muerte. Miraba a su padre acartonado en el ataúd, con los brazos cruzados sobre el traje de boda y una venda amarilla que le cubría la frente para recoger el goteo amarillo. Y entonces su padre acudió en su ayuda: se incorporó, sacó el reloj del bolsillo y dijo:
—Queda tiempo todavía.
Después pidió medio cigarro y, fumando con calmada voluptuosidad, intentó hacerle entender, si no qué era la muerte, al menos, qué era la vida.
Hablaron durante toda la noche o, mejor, Garibaldo se limitó a escuchar, evitando hacer la más mínima objeción para no robarle tiempo. Al alba, su padre regresó a la muerte con resignación, aceptó el funeral como cualquier otro muerto y tomó el camino del cementerio traqueteando en el carro de Leonida. *(Piazza d'Italia)*

Y además, rostros de muertos. Insoportables. Alzó la mano e hizo un gesto. Hasta pronto, rostros de muertos, murmuró, dentro de poco volveremos a vernos. ("La trucha que se agita entre las piedras me recuerda tu vida", en *El ángel negro*)

Escúcheme bien, querida mía, yo le daré estas veinte poesías antes de morir y usted, después de mi muerte, deberá publicar cinco de ellas al año, durante cuatro años: cada año convocará a la prensa y hará públicas cinco poesías. Quiero a su lado a los mejores críticos y a los periodistas más refinados, en resumidas cuentas, quiero una notable audiencia, después podrá formar un pequeño volumen, y, mientras tanto, yo estaré muerto. ("La trucha que se agita entre las piedras me recuerda tu vida", en *El ángel negro*)

Las luces volvieron a apagarse, quedó tan sólo la bombita azul, era de noche, estaba entrando en Portugal como tantas otras veces en mi vida, Maria do Carmo había muerto, notaba una sensación extraña, como si desde lo alto me estuviese contemplando a mí mismo que en una noche de julio, en un compartimiento de un tren casi a oscuras, estaba entrando en un país extranjero para ir a ver a una mujer que conocía bien y que había muerto. ("El juego del revés", en *El juego del revés*)

Recogió un trozo de madera y empezó a apartar las ramas de los arbustos. Al zapato, que resultó ser un botín, le seguían dos piernas cubiertas por un par de vaqueros ceñidos. La mirada de Manolo llegó hasta la cintura y allí se detuvo. El cinturón era de cuero claro, con una gruesa hebilla de plata que representaba la cabeza de un caballo y sobre la cual estaba escrito "Texas Ranch". Manolo intentó descifrar las palabras con dificultad y se las grabó bien en la memoria. Después continuó su inspección apartando la maleza con la madera. El tronco llevaba una camiseta azul de manga corta sobre la que estaba escrita la frase extranjera Stones of Portugal, y Manolo la estuvo mirando largo rato para grabársela bien en la memoria. Con el trozo de madera prosiguió su inspección, con calma y cautela, como si tuviera miedo de hacer daño a aquel cuerpo que yacía boca arriba entre los arbustos. Llegó hasta el cuello y no pudo seguir. Porque el cuerpo no tenía cabeza. [...] "He encontrado un muerto en la pineda", dijo a media voz Manolo. *(La cabeza perdida de Damasceno Monteiro)*

El municipio les había concedido aquel terreno lleno de deshechos en las afueras de la pequeña localidad, en la periferia de los últimos chalés, se lo habían concedido sólo como acto de caridad, recordaba bien la cara del funcionario municipal que firmaba la concesión con aire condescendiente y al mismo tiempo de conmiseración, doce meses de concesión a un precio simbólico, y que Manolo lo tuviera en cuenta; el municipio no se comprometía a construir las infraestructuras, del agua y la luz ni se hablaba, y para cargar que se fueran a la pineda, total los gitanos ya están acostumbrados, así abonaban el terreno, y atención, porque la policía estaba al corriente de sus pequeños trapicheos y tenía los ojos bien abiertos. *(La cabeza perdida de Damasceno Monteiro)*

Me doy cuenta de que no se debe escribir a los muertos, pero sabes perfectamente que en ciertos casos escribir a los muertos es una excusa, es un elemental hecho freudiano, porque es la manera más rápida de escribirnos a nosotros mismos, y por eso perdóname, me estoy escribiendo a mí mismo, aunque, por el

contrario, acaso esté escribiendo a la memoria tuya que tengo
dentro de mí, a la huella que has dejado dentro de mí; y, por lo
tanto, en cierta manera estoy escribiéndote de verdad a ti, pero
no quizá ésta es también una excusa, en realidad estoy escribiendo sólo para mí; también tu memoria, tu huella son sólo algo mío, tú no estás aquí en nada, estoy sólo yo, aquí sentado en
el asiento de este jumbo que se dirige a Hong Kong, desde donde
tomaré un transbordador a Macao, sólo que estaba viajando en
lambretta, era mi decimotercer cumpleaños, mientras conducías
con la bufanda y estaba yendo a Macao en lambretta. ("Los archivos de Macao", en *Los volátiles del Beato Angélico*)

Cuando pasó por la Biblioteca Nacional, no pudo dejar de re-
ducir la marcha para mirarla con nostalgia. Pensó en las tardes
pasadas en la sala de lectura estudiando las novelas de Vittorini
y en su vago proyecto de escribir un ensayo que habría titulado
La influencia de Vittorini en la novela portuguesa de posguerra. Y
con esa nostalgia afloró el olor a bacalao frito del self-service de la
Biblioteca, donde había comido durante semanas enteras. Bacalao y Vittorini. Pero el proyecto se había quedado en proyecto, por
ahora. Quién sabe, tal vez lo podría retomar cuando tuviera un
poco de tiempo libre. *(La cabeza perdida de Damasceno Monteiro)*

Terribles aquellas navidades. A Firmino le volvían a la mente
como si fueran cosas del día anterior. Volvió a ver a la tía Pitú y
al tío Nuno, ella alta y delgada, vestida siempre de negro con un
camafeo en el pecho; él regordete y jovial, especializado en contar chistes que no hacían gracia a nadie. Y la casa. Un chalecito
de principios de siglo en la zona burguesa de la ciudad, muebles
tristes y sofás con cubrebrazos hechos a mano, flores de papel y
viejas fotografías ovaladas en las paredes, la genealogía de la familia, de la que la tía Pitú estaba tan orgullosa. Y la cena de No-
chebuena. Una pesadilla. Para empezar, la inevitable sopa de col
verde servida en los platos soperos de Cantón que eran el orgu-
llo de la tía Pitú, y de cuya bondad su madre intentaba conven-
cerlo aunque le provocara arcadas. Y después la tortura de des-
pertarse a las once de la noche para la misa del gallo, el ritual de
vestirse con el trajecito elegante, la salida a la fría niebla de diciembre en Oporto. *(La cabeza perdida de Damasceno Monteiro.)*

· Oh, querida Dora, dijo Frau Marta, acabo de leer precisamente ahora que el doctor Freud ha vuelto a Viena desde París y vi-

ve justo aquí, en el número siete de la Rathausstrasse, quizá le
sentaría bien que lo visitara. Y mientras lo decía apartó con el pie
el cadáver de un soldado.

El doctor Freud sintió una gran vergüenza y se bajó el velo del
sombrero. No sé por qué, dijo tímidamente. ("Sueño del Doctor
Sigmund Freud, intérprete de los sueños ajenos", en *Sueños de
sueños*)

Cuando llegaron al primer árbol, Villon vio que de sus ramas
colgaba un ahorcado. Tenía la lengua fuera y la luna iluminaba
lívidamente el cadáver. Era un desconocido y Villon siguió adelante. En el árbol más cercano también colgaba un ahorcado, pero era igualmente un desconocido. Villon miró a su alrededor y
vio que el bosque estaba lleno de cadáveres que colgaban de los
árboles. Los miró uno a uno, con serenidad, deambulando entre
los pies que oscilaban mecidos por la brisa, hasta que dio con su
hermano. Lo descolgó cortando la cuerda con el puñal y lo depo-
sitó sobre la hierba. El cadáver estaba rígido debido a la muerte
y al hielo. Villon lo besó en la frente. Y en ese momento su hermano le habló. Aquí la vida está llena de mariposas blancas que
te esperan, dijo el cadáver, y todas ellas son larvas. ("Sueño de
François Villon, poeta y malhechor", en *Sueños de sueños*)

En cualquier caso, pues, el pobre cachalote recorre progresivamente el camino de la derrota, desde la primera herida inferi-
da por el hombre hasta la acción de las ínfimas criaturas que lo
conducen al cumplimiento del ciclo fatal con el que se resuelve el
destino de los seres vivos. La muerte del cachalote es majestuo-
sa como un enorme desmoronamiento, y en la necrópolis que los
balleneros disponen en las pequeñas ensenadas, sus despojos se
acumulan como las ruinas de una catedral. ("Otros fragmentos",
en *Dama de Porto Pim*)

Pereira sostiene que al otro lado de la línea hubo un momento de silencio y después la voz dijo que Monteiro Rossi era él y
que en realidad no es que pensara demasiado en el alma. Pereira permaneció a su vez algunos segundos en silencio, porque le
parecía extraño, sostiene, que una persona que había escrito reflexiones tan profundas sobre la muerte no pensara en el alma.
Y por lo tanto pensó que había un equívoco, e inmediatamente la
idea lo llevó a la resurrección de la carne, que era una fijación
suya, y dijo que había leído un artículo de Monteiro Rossi acerca

de la muerte, y después dijo que tampoco él, Pereira, creía en la
resurrección de la carne, si era eso lo que el señor Monteiro Rossi quería decir. *(Sostiene Pereira)*

–¡Mauriac!, exclamó Pereira, ya decía yo que había que prepa-
rar una necrológica anticipada para Mauriac, es una persona es-
pléndida, pero Monteiro Rossi no fue capaz de escribirla. –¿Quién
es Monteiro Rossi? –preguntó el padre Antonio. –Es el ayudante
que contraté, respondió Pereira, pero no logra hacerme una necrológica de aquellos escritores católicos que han tomado buena
postura política. Pero ¿por qué quieres hacerle una necrológica?,
preguntó el padre Antonio, pobre Mauriac, déjalo en paz, todavía
lo necesitamos, ¿por qué quieres que muera? –Oh, no es lo que
yo quiero, dijo Pereira, espero que viva hasta los cien años, pero
imaginémonos que desaparece en cualquier momento, por lo menos en Portugal habría un periódico que le dedicaría un homenaje inmediato, y ese periódico sería el *Lisboa*, pero perdóneme, padre Antonio, continúe. *(Sostiene Pereira)*

Era un muchacho alegre, que amaba la vida pero a quien se
le había encargado escribir sobre la muerte, labor a la que no se
negó. Y esta noche la muerte ha ido a buscarle. Ayer por la noche, mientras cenaba en casa del director de la página cultural
del *Lisboa*, el señor Pereira autor de este artículo, tres hombres
armados irrumpieron en el apartamento. Se presentaron como
policía política, pero no exhibieron documentación alguna que
avalara sus palabras. Debería excluirse que se trate de verdaderos policías porque iban de paisano y porque es de suponer que
la policía de nuestro país no usa estos métodos. Eran malhecho-
res que actuaban con la complicidad de no se sabe quién, y sería
deseable que las autoridades indagaran sobre este vergonzoso
suceso. Los dirigía un hombre delgado y bajo, con bigote y peri-
lla, al que los otros llamaban comandante. A los otros dos su comandante los llamó varias veces por sus nombres. Si los nombres
no eran falsos, se llaman Fonseca y Lima [...] *(Sostiene Pereira)*

Llegué aquí cuando era un niño, dijo el Guarda del Cementerio, hace cincuenta años, he pasado mi vida guardando muertos.
(Réquiem)

Es que aquí está un amigo mío, respondí, fue la gitana quien
me lo dijo, la gitana que vende las camisetas allí me dijo que te-

nía que buscarlo aquí, es un viejo amigo, pasamos mucho tiempo juntos, éramos como hermanos, me gustaría visitarlo, me
gustaría hacerle una pregunta. ¿Y cree que va a responderle?, dijo el Guarda del Cementerio, mire que los muertos son muy si-
lenciosos, déjeme que se lo diga, yo los conozco muy bien. Voy a
intentarlo, dije, quisiera entender una cosa que nunca entendí,
murió sin explicarme nada. *(Réquiem)*

Te consumiste como una vela, padre, dije, un día te acostas-
te y dijiste: estoy cansado y no tengo hambre, y ya no volviste a
levantarte ni a comer nada, sólo bebías un caldo que mamá te
preparaba, yo iba a visitarte todos los días, y así sobreviviste casi un mes, te ibas transformando en un esqueleto pero no su-
frías, y en el momento de morir me hiciste un gesto con la mano
antes de entrar en la oscuridad. *(Réquiem)*

Ocupó su lugar junto al cabezal del féretro, esperando, como
se vela a un vivo y no a un difunto, que pasaran delante de ella,
que le besaran la mano, que le hicieran reverencias, que le mur-
muraran fórmulas de condolencias y saludo. ("Esperando el invierno", en *Pequeños equívocos sin importancia*)

NOMBRE

Recordé las salidas en coche hasta las pinedas, los nombres que nos habíamos dado, la guitarra de Xavier y la voz cristalina de Magda que anunciaba con irónica gravedad, imitando a los pregoneros de las ferias: ¡señoras y señores mucha atención, tenemos con nosotros al Ruiseñor italiano! Y yo seguía el juego y empezaba a cantar viejas canciones napolitanas, imitando los gorjeos anticuados de los cantantes de otros tiempos, mientras todos reían y aplaudían. Entre nosotros yo era Roux, y me había resignado: inicial de Rouxinol, en portugués ruiseñor. Pero dicho así parecía incluso un nombre bonito y exótico, no había razón para enfadarse. *(Nocturno hindú)*

"Estoy buscando a una persona", dije, "se llama Xavier Janata Pinto, ha desaparecido desde hace casi un año en Bombay, las últimas noticias suyas las he obtenido en Bombay, pero tengo mis razones para creer que estaba en contacto con la Theosophical Society, y éste es el motivo que me ha traído aquí". *(Nocturno hindú)*

"Oh, bueno", dije yo, "él no me encontraba entre otras cosas por un hecho muy simple, porque yo había adoptado otro nombre. Y él consigue descubrirlo. Después de todo no era tan imposible descubrirlo, porque era un nombre que tenía que ver con él, hace tiempo. Sólo que yo lo había distorsionado, camuflado. No sé cómo llegó a adivinarlo, pero el hecho es que lo adivinó, tal vez fuese por azar".
–¿Y cuál es ese nombre?
–Nightingale –dije yo. *(Nocturno hindú)*

Fue la apoteosis. Cuando volví al camerino dejé a mis espaldas la excitación y el ruido, estaba allí en la butaca de Carmen, lloraba de felicidad y oía al público que gritaba "¡nombre! ¡nombre!". Entró el señor Paiva, estaba estupefacto y radiante, le brillaban los ojos, "tienes que salir a decirles cómo te llamas", dijo, "no logramos calmarlos". Y yo volví a salir, el electricista había puesto un disco rosa que me bañaba en una luz cálida, yo cogí el micrófono, tenía dos canciones que pujaban por salir de mi garganta, canté *Luna rossa* y *All'alba se ne parte il marinaro*. Y cuando el largo aplauso empezaba a apagarse susurré en el micrófono un nombre que brotó espontáneamente de mis labios, "Giosefine –dije–, Giosefine." [...] No hagas poner inscripciones en la lápida, te lo ruego, sólo el nombre, pero no Ettore: el nombre con el que firmo esta carta, con el afecto de la sangre que a ti me une, tu Giosefine. ("Carta desde Casablanca", en *El juego del revés*)

–¿Mister ...Shi... mail? –silabeó dificultosamente el policía.
–Schlemihl –corrigió mi compañero de viaje–, Peter Schlemihl.
El policía nos devolvió los documentos, apagó la luz y se despidió fríamente. El tren corría de nuevo por la noche india, la luz de la bombilla azul creaba una atmósfera onírica, permanecimos largo rato en silencio, después al final yo hablé.
–Usted no puede llamarse así –dije–, existe un único Peter Schlemihl, es un invento de Chamisso, y usted lo sabe perfectamente. Algo semejante sólo se lo cree un policía indio.
Mi compañero de viaje no contestó. Después me preguntó:
–¿Le gusta Thomas Mann?
–Algunas cosas –repliqué.
–¿Qué le gusta?
–Los relatos, algunas novelas cortas, "Tonio Kröger", *Muerte en Venecia.*
–No sé si conoce un prólogo de Peter Schlemihl –dijo–, es un texto admirable. ("Los trenes que van a Madrás", en *Pequeños equívocos sin importancia)*

[...] está firmado Piticche, nosotros lo llamábamos así, en los periódicos nunca ha salido, no lo sabe nadie, era una cosa que quedaba en familia, para nosotros era algo cariñoso, le agradecería que no lo mencionase, luego en los periódicos sale entre comillas, después de su verdadero nombre: llamado "el Piticche", es atroz, ¿no le parece? ¿Cómo va a entender la gente que es un nombre cariñoso? Tampoco usted lo entiende, a lo mejor puedo explicarle el origen del nombre, el significado, pero lo que quiere decir para nosotros no puede entenderlo nadie, en los nombres está el tiempo que se ha pasado juntos, las personas que se nos han muerto, cosas hechas en común, lugares, otros nombres, nuestra vida. Piticche quiere decir pequeñín. Él era muy pequeñín, de pequeño. Era rubito, mire esta fotografía, tiene cuatro años, ésa no, ahí tiene ocho años, ésta de aquí, acurrucado junto a Pinocho, ¿no ve que Pinocho es más alto que él? ("Dolores Ibarruri llora lágrimas amargas", en *El juego del revés)*

El obeso lo miró fijamente y le tendió una caja de madera. Le preguntó si quería un cigarro y Firmino lo rechazó. El obeso encendió un cigarro enorme. Parecía un habano y tenía un fuerte aroma. En silencio se puso a fumar tranquilamente. Firmino miró a su alrededor con aire perdido observando aquella sala enorme rebosante de libros, libros por todas partes, en las paredes, sobre las sillas, en el suelo, paquetes de periódicos y de papeles.

–No vaya a creer que está metido en una situación kafkiana –dijo el obeso, como si le leyera el pensamiento–, usted habrá leído seguramente a Kafka y habrá visto *El proceso*, con Orson Welles, yo no soy Orson Welles, aunque este antro esté repleto de papelajos, aunque sea obeso y fume un cigarro enorme, no se equivoque de personaje cinematográfico, en Oporto me llaman Loton. *(La cabeza perdida de Damasceno Monteiro)*

–¿De qué droga se trataba?
–Heroína en estado puro.
–¿Y dónde iba a parar?
–Los paquetes los pasaba a recoger el Grillo Verde.
–Perdone, ¿quién es el Grillo Verde?
–Es un sargento de la comisaría local de la Guardia Nacional.
–¿Y su nombre?
–Titanio Silva, alias el Grillo Verde.
–¿Por qué le llaman el Grillo Verde?
–Porque cuando se cabrea tartamudea y salta como un grillo, y tiene un color verdusco. *(La cabeza perdida de Damasceno Monteiro)*

Era una minúscula aldea encaramada en lo alto de un acantilado, y los viajeros silencian su nombre: no por desatención, creo, dado que su narración es siempre minuciosa y exhaustiva, sino tal vez porque carecía de nombre. Es muy probable que se llamase simplemente Aldeia, es decir "aldea", y que al ser el único lugar habitado en un radio de muchos kilómetros le bastase, como nombre propio, un nombre por antonomasia. ("Otros fragmentos", en *Dama de Porto Pim*)

PERSONALIDAD

No hay una única respuesta, porque los relatos surgen de muchas maneras distintas. Hay relatos que nacen, por ejemplo, de lo que otras personas cuentan. Soy una persona a la que le gusta mucho escuchar; creo incluso que todo escritor, antes que nada, tiene que ser un buen oyente. Gracias a mi disponibilidad respecto a quien relata algo, he recogido historias que después he escrito, porque me han impresionado tanto que he querido hacerlas mías. Son por tanto historias que he robado. Creo que todo escritor es por principio un ladrón, me parece necesario sustraer muchas cosas a los demás para escribir y yo lo hago descaradamente. Hay, por tanto, relatos que nacen de relatos ajenos.

Hay también relatos sugeridos por la vida, pero no tanto como historias ya completas, cuanto como matices, gestos detalles [...], que pueden dar lugar a un cuento o incorporarse a otro en gestación. Ésta es también en realidad una forma de robo de la que a menudo me sirvo: soy una persona muy indiscreta, me gusta estar con los oídos muy atentos cuando viajo en autobús, en taxi, en tren, cuando estoy en un café [...] y una frase o un retazo de conversación me pueden fascinar hasta el punto de sugerirme una historia. En cambio, hay otros relatos de origen desconocido, porque caen desde la nada, o proceden tal vez del cielo, no sabría decirlo. Son como pequeños globos que llegan desde la estratosfera y te caen sobre la cabeza: uno está un buen día dando un paseo o pensando en sus cosas y, quién sabe por qué, se le ocurre esa idea para ese cuento. Éstos son los más misteriosos, sin duda. *(Conversaciones con Antonio Tabucchi)*

En realidad, el doble es un ser que está dentro de nosotros. Todos tenemos la sensación, en algún momento de nuestras vidas, de albergar no sólo uno, sino muchos otros personajes. Cada uno de nosotros somos muchos. Sin embargo, pareciéramos estar apresados en un dilema lógico, el de la identidad. No podemos ser más que ese que somos. Pero anhelamos ser otros, vivir otras vidas. El artista, el escritor, se lo puede permitir a través de sus creaciones, de los seres que inventan. Pessoa creó sus herónimos: esos escritores, emanaciones de sí, que expresaban esos aspectos distintos del Pessoa "oficial", es decir, de sí mismo, pero, ¿de qué "sí mismo"?

Esto también está relacionado con el lado oculto, el revés de todas las cosas, esa sombra inquietante que envuelve lo que nos rodea. A menudo experimentamos esa sensación de que todo lo que vemos y que sentimos oculta otra dimensión. Es, al mismo tiempo, una región inexplorada, distinta del mundo y de nosotros mismos. Porque sospechamos el peligro que entraña arriesgarse a pasar del otro lado, utilizamos máscaras para transformarnos en otros. Cruzamos esa frontera que nos lleva al revés de las cosas, protegidos por máscaras. Lo hacemos en la vida cotidiana, en los carnavales, en el sueño. Nos enmascaramos en palabras, en actitudes, en poses. Hasta en los momentos oníricos, cuando nuestros fantasmas están en libertad, cuando nos perdemos en pesadillas y en ensueños, las fantasías, los temores, los deseos que nos acosan se revisten de las máscaras de otros rostros para ocultar y, al mismo tiempo, revelar, lo que tanto temor nos inspira. Esos temas me atrajeron en Borges, pero también en Cortázar. (*La Nación*, 18 de mayo de 1997, entrevista por José Rivas)

La máscara es un símbolo, naturalmente, como lo era también en la tragedia griega, en la que los actores se las ponían para reír o llorar. Por tanto a veces puede esconder y a veces revelar. Creo que en mi libro las máscaras son principalmente reveladoras, porque incluso cuando los personajes las utilizan para ocultarse, de alguna manera descubren con ello su verdadero carácter. (*Conversaciones con Antonio Tabucchi*)

El amor ocupa un lugar intermitente en la vida de los hombres, muy intermitente, dependiendo de la edad. Ahora está de moda, lo oí ayer mismo en la televisión, decir que el amor es lo más importante en la vida, incluso en la tercera edad. Por lo visto, hay que entusiasmarse como adolescentes ante el amor, se tenga la edad que se tenga. Yo creo que esto no es verdad, no creo que el amor sea lo más importante de la vida, sino una de las varias cosas importantes que hay en ella y como tal puede ser relativizado. Opino, en este sentido, que el amor no es un concepto unívoco, sino que abarca distintos matices y distintas acepciones. Durante la juventud el amor se vive de forma muy visceral, que en parte tiene que ver con la esfera erótica; en la edad madura hay otro tipo de amor y en la vejez otro tipo distinto de amor. (*Conversaciones con Antonio Tabucchi*)

Cojamos, pues, un espejo en la mano y miremos. Éste nos refleja idénticos invirtiendo las partes. Lo que estaba a la derecha se traspone a la izquierda y viceversa, de modo que quien nos mira somos nosotros, pero no los mismos nosotros que otro mira.

Restituyéndonos nuestra imagen invertida en el eje delante-de-trás, el espejo produce un efecto que puede también encubrir un sortilegio: nos mira desde fuera, pero es como si nos escrutase dentro, nuestra visión no nos es indiferente, nos intriga y nos turba como la de ningún otro: los filósofos taoístas la llamaron la *mirada restituida.* ("La frase siguiente es falsa. La frase anterior es verdadera", en *Los volátiles del Beato Angélico*)

[...] estaba diciendo que para mí existen varios tipos de amor según las edades de la vida. ¿Cuál de todos ellos es el más interesante en cuanto materia literaria? Probablemente ninguno de ellos, sino precisamente lo que los une, el fantasma del amor; es decir, no el amor en sus encarnaciones, sino precisamente el amor como anhelo, como inquietud, como constante e incorpórea presencia. Éste es el amor que me interesa desde el punto de vista de la escritura: el amor como búsqueda que sabe nutrir las diversas edades de la vida con matices muy distintos. *(Conversaciones con Antonio Tabucchi)*

A mí desde siempre me han atraído mucho los personajes de la historia y de la literatura que han sido capaces de experimentar grandes pasiones. Me parece como si, flagelados por la vida, hubieran accedido a una dimensión distinta de la del amor, y tal vez ligeramente superior a ésta. Esta predilección mía por las pasiones furibundas tal vez refleje mi lado romántico o quizá sea sencillamente la proyección de un deseo, porque a mí me hubiera gustado ser un hombre pasional y en realidad probablemente no lo soy. En todo caso, creo que la pasión nos dona un sentido de ebriedad, es casi como una forma de embriaguez que nos abre nuevas dimensiones de la vida. Tengo la impresión de que las personas que han conocido las grandes pasiones han comprendido algo más de la vida, porque, aunque en el preciso instante de la pasión hayan estado ciegas, después han adquirido una forma peculiar de lucidez. *(Conversaciones con Antonio Tabucchi)*

Durante estos últimos años, en efecto, me ha resultado especialmente difícil librarme de mis personajes, una vez que han adquirido su condición de criaturas autónomas; retornan, saltando de un libro a otro. No consigo separarme completamente de ellos, se convierten en ideas obsesivas que me acompañan, como esas manías o vicios de los que uno intenta siempre librarse sin conseguirlo. Tal vez se trate de una dificultad mía personal en elaborar el luto, no lo sé; en todo caso ésta es una de las razones por las que prefiero deshacerme de una obra acabada lo antes posible, pero por lo visto no es tan fácil. En general, me cuesta bastante decir definitivamente adiós a las cosas, es un rasgo de mi carácter y, por lo visto, eso se refleja en mi actividad de escritor. En todo caso, si mis personajes sienten la necesidad de salir de la cárcel en la que yo los he encerrado, que es el libro, no me siento capaz de negarles la posibilidad de abrir para ellos el horizonte de otro libro. Por ello los personajes pueden cambiar de fisonomía, adquirir nuevos valores o rasgos, aun cuando sigan siendo lo que eran en su origen. De este modo la obra global se extiende, se enreda, se convierte en el correlato de sí misma, tejiendo una especie de trama que no sé bien lo que es, como si estuviera leyendo el envés de un tapiz. *(Conversaciones con Antonio Tabucchi)*

[...] el concepto del doble no es más que eso: la parte de ti que ya no eres o la que querrías ser, la proyección del deseo de lo que nos falta. Y se podría añadir también el problema pirandelliano de la identidad: ¿eres el que eres o el que los demás piensan que eres? Y naturalmente a Pessoa: "Sé plural como el universo". Se puede ser plural, se puede ser más de una persona. Para empezar, el escritor lo consigue por principio, porque cuando escribe es siempre otro, se convierte en una multiplicación del yo. *(Un baúl lleno de gente)*

Yo soy una persona llena de contradicciones, me parece, entre las cuales se cuenta la de ser un solitario que detesta la soledad. No tolero el estar solo del todo, prefiero la sensación de que, aun estando solo, hay personas que están a mi disposición si las necesito. Me resultaría imposible ser un ermitaño o vivir en un lugar totalmente aislado. Tengo miedo de la soledad total ya que favorece la aparición de ciertos fantasmas, de algunas manías, de turbaciones, que es mejor mantener a distancia, porque se corre el riesgo de ser atrapado por ellas, y después resulta muy difícil escapar a su control al mismo tiempo, sin embargo, soy consciente de la absoluta necesidad de estar solo para leer, pensar o escribir. Me gusta la soledad y le tengo miedo a la vez.

Por ejemplo, para mí uno de los momentos peores de la soledad es la noche, porque yo sufro de insomnio. La sensación de estar solo en plena noche es una de las más desagradables: el mundo está parado, todos duermen y la soledad en ese momento es absoluta, tanto si uno está solo realmente como si hay alguien, porque no puedes despertar a nadie, ni llamar por teléfono en mitad de la noche. No puedes hacer nada, solamente sentirte solo. Frente a la soledad en general, la escritura puede ser un refugio y una compañía, pero en esos momentos es una auténtica tabla de náufrago, un recurso extremo, no un acto libre. *(Conversaciones con Antonio Tabucchi)*

Como ya he dicho, desconozco la salida exacta del laberinto. Como todos, procedo a tientas, como si caminara en la oscuridad. Soy consciente de que existen diversas direcciones posibles y prefiero dejarlas plausiblemente abiertas. La literatura, tal vez, no sea más que eso, un intento de llevar a cabo un recorrido en el que acabamos perdiéndonos. Yo, en concreto, me extravio con mucha frecuencia, precisamente porque las salidas parecen muchas pero quizá no exista ninguna, y no se sabe nunca qué dirección tomar. Cualquier elección significa adentrarse por un único camino y frente a tal constreñimiento sentimos la tentación de avanzar en zigzag, saltando de un camino a otro, lo que acompaña, o tal vez dibuja y crea, el laberinto. En éste se celan, pues tanto el deseo de resolución de un enigma como el riesgo de quedar atrapados, como en una tela de araña. *(Conversaciones con Antonio Tabucchi)*

Explíqueme esa teoría, dijo Pereira. Pues bien, dijo el doctor Cardoso, creer que somos "uno" que tiene existencia por sí mismo, desligado de la inconmensurable pluralidad de los propios yoes, representa una ilusión, por lo demás ingenua, de la tradición cristiana de un alma única; el doctor Ribot y el doctor Janet ven la personalidad como una confederación de varias almas, porque nosotros tenemos varias almas dentro de nosotros, ¿comprende?, una confederación que se pone bajo el control de yo hegemónico. El doctor Cardoso hizo una breve pausa y después continuó. Lo que llamamos la norma, o nuestro ser, o la normalidad, es sólo un resultado, no una premisa, y depende del control de un yo hegemónico que se ha impuesto en la confederación de nuestras almas; en el caso de que surja otro yo, más fuerte y más potente, este yo destrona al yo hegemónico y ocupa su lugar, pasando a dirigir la cohorte de las almas, mejor dicho, la confederación, y su predominio se mantiene hasta que es destronado a su vez por otro yo hegemónico, sea por un ataque directo, sea por una paciente erosión. Tal vez, concluyó el doctor Cardoso, tras una paciente erosión haya un yo hegemónico que esté ocupando el liderazgo de la confederación de las almas, señor Pereira, y usted no puede hacer nada, tan sólo puede, eventualmente apoyarlo. *(Sostiene Pereira)*

Yo creo no haber llevado a cabo un divorcio con el tiempo en el que me ha tocado vivir; no sé muy bien si soy su intérprete o su testigo, pero en cualquier caso participo en él. Mi época me absorbe, la vivo, me siento dentro de ella. Establecido esto, debo añadir que probablemente tengo una tendencia natural a captar sus aspectos más inquietantes. Tal vez en un futuro alguien llegue a afirmar que ha sido un período hermoso y feliz, quién sabe, pero el hecho es que, para mí, hoy en día es difícil pensarlo. Toda mi sensibilidad y toda mi atención están orientadas hacia los elementos que caracterizan negativamente nuestros días. Creo haber expresado en mis relatos la desazón de esta época, desazón que, como es obvio, posee un fuerte carácter ético, porque soy plenamente consciente de que el mal está presente de manera compacta y perentoria, y como escritor no tengo instrumentos adecuados para oponerle un bien que no sé exactamente cuál puede ser.

Es evidente que soy también una víctima de la pérdida de valores, porque al ser agnóstico carezco de valores religiosos, y los valores intelectuales que he heredado, que son fundamentalmente los de la revolución francesa —libertad, igualdad y fraternidad—, no sé hasta qué punto son operativos. En efecto, el referirse a tales valores en un mundo como el nuestro no deja de sonar a reclamo utópico, dado que la libertad, como sabemos, no existe en tres cuartas partes del mundo; la fraternidad es escarnecida a todas horas incluso a nivel anecdótico, y de la igualdad se puede decir prácticamente lo mismo. Por lo tanto, ¿qué es lo que debe proponer un intelectual laico como yo? Tal vez nada, me respondo, que se ocupen de buscar una respuesta los filósofos, los políticos, los científicos, a quienes compete más que a mí. Como escritor, yo me limito a registrar el malestar que me circunda, y la zozobra de la que, junto a otros hombres, soy partícipe. De una sola cosa, tal vez, puedo estar orgulloso; de no ser un escritor que tranquilice las conciencias, porque creo que todo aquel que me lee recibe por lo menos una pequeña dosis de desasosiego y quién sabe si un día tal inquietud no acabará por germinar y dar sus frutos. *(Conversaciones con Antonio Tabucchi)*

Maria do Carmo recitaba "Lisbon revisited" de Alvaro do Campos, un poema en el que una persona está en la misma ventana de su infancia, pero ya no es la misma persona y tampoco es la misma ventana, porque el tiempo cambia hombres y cosas. ("El juego del revés", en *El juego del revés*)

FERNANDO PESSOA

Fui como la hierba y no me arrancaron, dijo en cierto momento la señora que aparentaba unos cincuenta años. A Fernando Pessoa le gustó la frase, de modo que la anotó en un cuaderno. Mientras tanto, frente a ellos, pasaba el paisaje del Ribatejo, con arrozales y praderas. *(Los tres últimos días de Fernando Pessoa)*

. Pensé: este tío ya no viene. Y después pensé: no puedo llamarlo tío, es un gran poeta, quizá el mejor poeta del siglo XX, murió hace muchos años, tengo que tratarlo con respeto o, mejor, con mucho respeto. Pero entretanto empezaba a aburrirme, el sol caía de lleno, ese sol de finales de julio, y pensé también: estoy de vacaciones, estaba tan bien en Azeitao, en la finca de mis amigos, ¿por qué acepté este encuentro aquí en el muelle?, todo es absurdo. Y miré la silueta de mi sombra a mis pies, y también me pareció absurda, incongruente, no tenía sentido, era una silueta exigua, acortada por el sol de mediodia, y fue entonces cuando me acordé: él fijó la cita a las doce, pero tal vez quería decir a las doce de la noche, porque los fantasmas aparecen a medianoche. *(La Página,* 15)

El problema es otro, el problema es que no sé por qué me encuentro aquí, es como si fuera una alucinación, no sabría explicárselo bien, ni sé bien lo que estoy diciendo, digamos que estaba en Azeitao, ¿conoce Azeitao?, estaba en la finca de unos amigos mios, bajo un gran árbol que hay allí, una morera, me parece, estaba tendido en una silla de lona leyendo un libro que me gusta mucho, y de pronto me encontré aquí, ¡ah!, ahora me acuerdo, era el *Libro del desasosiego,* usted es el Lotero Cojo que molestaba inútilmente a Bernardo Soares, allí fue donde lo vi a usted, en ese libro que estaba leyendo bajo una morera en una finca de Azeitao. *(Réquiem)*

Lléveme hasta el final del sueño, dijo Pessoa, hoy es el día triunfal de mi vida.
Era el ocho de marzo, y por la ventana de Pessoa se filtraba un tímido sol. ("Sueño de Fernando Pessoa, poeta y fingidor", en *Sueños de sueños)*

Parece casi pleonástico afirmar que en el inmenso y misterioso *Libro* que Pessoa nos ha legado, el centro más secreto, y desde luego más imperioso, es la heteronimia. Heteronimia entendida no tanto como un metafórico camerino teatral en el que el actor Pessoa se oculta para realizar sus travestimientos literario-estilísticos, sino más bien como una zona franca, como *terrain vague*, como una línea mágica, tras cruzar la cual Pessoa se convierte en el "otro yo" sin dejar de ser él mismo. ("Fernando Pessoa: uno y muchos", prólogo de Antonio Tabucchi a *Fernando Pessoa-Poesía*, Madrid, Alianza, 1997)

A mí no me gusta hacer clasificaciones. Pero me atrevo a hacer una que quizá sea un poco imaginaria: me parece que existen familias de escritores. Y creo que hay una familia a la que pertenecen Borges, Pirandello, Kafka y también Pessoa. Quiero decir que en un determinado momento del siglo xx hay personas que pasan de un modelo descriptivo de la realidad, de la epistemología, que es el fundamento enorme del siglo xix que recibió nuestro siglo. Bueno, en cierto momento hay cuatro o cinco personas como éstas desparramadas por el mundo, que reciben esa herencia, dan un puntapié a la epistemología y plantean el problema ontológico. Ya no interesa describir la realidad. Lo que interesa ahora de la realidad es una pregunta: ¿qué estoy haciendo aquí, en esta realidad? Esto es lo que más me atrae de Pessoa. Después, claro, la calidad de su poesía. (*Clarín*, 28 de noviembre de 1996, entrevista de Jorge Halperín)

Pessoa, como ha dicho J. do Prado Coelho, "inventó las biografías para las obras y no las obras para las biografías". *(Un baúl lleno de gente)*

La heteronimia de Pessoa remite, si acaso, a la capacidad de vivir la *esencia* de un juego; no a una ficción, por lo tanto, sino a una metafísica de la ficción o a un ocultismo de la ficción; tal vez incluso a una teosofía de la ficción. La ficción de Pessoa es siempre una ficción trascendente, es palabra, pero en el sentido de que "en el principio fue la palabra": y esa palabra no es ciertamente "el texto" literario. ("Fernando Pessoa: uno y muchos", en *Fernando Pessoa-poesía*)

En el comienzo de la novela, el drogadicto, al observar los billetes con la figura de Pessoa, pregunta al protagonista si le gusta Pessoa y éste contesta: "Me gusta mucho [...] podría contarle una bonita historia, pero no merece la pena, creo estar un poquito fuera de mi sano juicio, acabo de llegar del muelle de Alcánta-

ra. En el muelle no había nadie, pero pienso regresar a la medianoche". (*La Página*, 15)

Con un *calembour* se podría decir que el juego de Pessoa es
"jugar" el juego, resolverlo al no plantearlo, pasando al terreno
de la hipótesis. De él se puede decir cuanto Benjamin escribió
sobre Kafka: que "toda su obra representa un código de gestos
que *a priori* no tienen ya un claro significado simbólico para el
autor, sino que más bien son preguntas al respecto en ordena-
mientos y combinaciones siempre nuevas". *(Un baúl lleno de
gente)*

A mí me gustaría hablarte de Pessoa, porque Pessoa ha sido
un padre para mí. En los años 60-70, ¿sabes?, cuando empecé a
escribir, había una vanguardia en Italia que mantenía que en Europa la novela estaba muerta y que no había nada que hacer, que
era necesario entonar la marcha fúnebre, porque la novela había
muerto con nuestro siglo. Por esos años, descubrí a Pessoa. Descubrí que en los años 20-30, cuando celebraban el réquiem de la
novela occidental, Pessoa, mediante una hermosa pirueta, había
construido la gran novela del siglo XX. Y así es, en efecto. Pessoa
construyó un gran universo novelesco a través de las poesías: inventó personajes, les otorgó cometidos, los comunicó entre ellos.
Pessoa es la verdadera novela del siglo XX, como lo son las de Joyce y Proust. Lo hace con la ficción. Y eso fue lo que me atrajo de
él: el poder de su ficción. Sin embargo, Pessoa es un hombre demasiado inquieto, su inquietud, incluso su intranquilidad, se
une a la mía y provoca la angustia. Por ello, quiero tomarme
unas pequeñas vacaciones al respecto, porque mi propia angustia también se ha acrecentado durante estos años y ya no puede
haber gasolina que la alimente. (*La Página*, 15)

Un personaje (Pessoa) que pasó su vida como un modesto
funcionario, que vivió en habitaciones realquiladas de pequeñas
pensiones, dedicando todo su tiempo a la escritura, escindiéndo-
se en varios seres y consiguiendo a pesar de ello mantener una
gran unidad sin caer en la esquizofrenia, en la locura; un personaje que rechazó honores y glorias que quizá le habría concedido la vida si hubiera publicado sus obras y hubiera sacado a la
luz pública su carrera literaria. He aquí un hombre que se ha de-
dicado exclusivamente a la escritura en cuanto tal, por la satisfacción que ésta puede proporcionar. En resumen, como perso-

naje, ha ejercido sobre mí una enorme fascinación. *(Conversaciones con Antonio Tabucchi)*

El protagonista de *Réquiem*, por ejemplo, que atraviesa un laberinto en forma de ciudad, aparentemente se ha perdido, pero en realidad, mientras recorre Lisboa en estado de semiinconciencia, consigue establecer un contacto con sus fantasmas y deshacer un nudo de su existencia. De este modo, al final del libro, podrá entregarse en paz a un sueño reparador, sin temer al insomnio pessoano. *(Conversaciones con Antonio Tabucchi)*

No se trata naturalmente de una cuestión de autenticidad, sino, según nos ha enseñado Pessoa, de pluralidad. Somos "un delirio de muchos", como decía Musil, y todas nuestras máscaras forman parte de nosotros. *(Conversaciones con Antonio Tabucchi)*

Mientras iba en el coche, miró despaciosamente por la ventanilla la cúpula de la basílica de la Estrela. Era hermosa, aquella basílica, con su inmensa cúpula barroca y la fachada ornamentada. Era allí, delante mismo, en el jardín, donde muchos años antes se citaba con Ophélia Queiroz, su único gran amor. *(Los tres últimos días de Fernando Pessoa)*

Kafka pertenece a ese selecto grupo de grandes escritores del primer tercio de siglo, junto a Pessoa, Svevo, etc., que podemos denominar de frontera, porque no pertenecen al centralismo cultural; de hecho sólo hubieran podido surgir donde lo hicieron, en lugares periféricos, en muchos casos fluctuando entre dos culturas o dos lenguas. Son escritores de encrucijada de caminos, inimaginables en París o en cualquier otro lugar central de la cultura europea. *(Conversaciones con Antonio Tabucchi)*

Kavafis me interesa porque, como Pessoa, es un decadente que ha sabido captar la decadencia de una época crucial. Esto me parece algo muy importante que, en general, al valorar el modernismo, no se suele tomar en cuenta: cómo los artistas de ese momento saben captar la decadencia no sólo de la vida en general, sino también de la época en que viven. *(Conversaciones con Antonio Tabucchi)*

D'Annunzio no es un artista decadente sino un mal escritor retórico y ostentoso, no hay más que recordar los versos que Pessoa le dedica: "...Rapagnetta-Annunzio, banalidad con caracteres griegos, /... ¡solo de trombón!" *(Conversaciones con Antonio Tabucchi)*

Pessoa, Kavafis y los demás, en cambio, son el exacto contrario del poeta-vate, son personajes reservados que se ocultan tras una vida aparentemente gris pero que tienen un tesoro inmenso en su interior. Ésta me parece la gran imagen del siglo xx porque, si lo pensamos bien, todo el siglo es así: Kavafis, Pessoa, Kafka, Svevo son así; incluso Joyce es así en el fondo, porque pasó su vida escondiéndose como profesor en la Berlitz School de Trieste. Estos grandes escritores del siglo xx derribaron la imagen del gran poeta-vate y cambiaron el signo de la literatura, liberándola de la retórica anterior. Ésta es una imagen de escritor con la que me identifico muy a gusto. *(Conversaciones con Antonio Tabucchi)*

En aquellas noches estaba en contacto con Bernardo Soares y escribía en su lugar *El libro del desasosiego*. Se despertaba al amanecer para ver las gradaciones de las luces que cambiaban sobre Lisboa y las anotaba en un pequeño cuaderno forrado en piel que le había mandado su madre desde Sudáfrica. *(Los tres últimos días de Fernando Pessoa)*

Pessoa se sentó en un sillón y empezó a soñar. Veía retazos de su infancia y oía la voz de su abuela Dionisia que había muerto en un manicomio. Fernando, le decía su abuela, tú serás como yo, de tal palo tal astilla, y durante toda tu vida me tendrás como compañía, porque la vida es una locura y tú sabrás cómo vivir la locura. *(Los tres últimos días de Fernando Pessoa)*

Hay, de inmediato, algo excesivo en la biografía de este portugués que se ha convertido en uno de los más importantes poetas del siglo xx: algo *demasiado* excesivo para no despertar sospechas o más bien alarmar a quien siga su rastro. Es un exceso por defecto: es la total falta de pruebas o, si se quiere, la evidencia hecha paradigma, la coartada perfecta: algo que hace pensar en el escondite ostentoso de la carta robada de Poe, y que en este caso significa un exceso de anonimato, una quintaesencia de banalidad [...]

O bien surge la sospecha de que Pessoa no haya existido nunca, que no haya sido más que la invención de un tal Fernando Pessoa, su homónimo *alter ego* en aquel torbellino vertiginoso de personajes que con Fernando compartieron las modestas pensio-

nes lisboetas donde, durante treinta años, vivió la rutina de la
más banal, la más anónima, la más *ejemplar* vida de oficinista.
("Fernando Pessoa: uno y muchos", en *Fernando Pessoa-poesía*)

La vida es indescifrable, respondió Pessoa, nunca hay que
preguntar, nunca hay que creer, todo está oculto. *(Los tres últimos días de Fernando Pessoa)*

La hipótesis de que Fernando Pessoa fuera el *alter ego* de un
Fernando Pessoa completamente idéntico al primero es en verdad sugestiva y quizá, por absurdo, la más obvia, aunque pudiera parecer empañada por una paradoja de sabor borgeano (Pie-
rre Menard que reescribe el *Quijote)*, si no fuera porque el propio
Pessoa, ya en 1931, nos proporcionó la paradoja sobre la que se
basa nuestra sospecha:

> O poeta é um fingidor.
> Finge tao completamente
> que chega a fingir que é dor
> a dor que deveras sente.

("Fernando Pessoa: uno y muchos, en *Fernando Pessoa-poesía*)

Ave, Maestro, dijo Pessoa, *morituri te salutant.* Caeiro se acercó al pie de la cama y se cruzó de brazos. Mi querido Pessoa, dijo, he venido para decirle una cosa, ¿me permite que le haga una
confesión?
Se lo permito, replicó Pessoa.
[...] Verá, respondió Caeiro, yo soy su padre. Hizo una pausa,
se alisó sus escasos cabellos rubios y continuó: yo he desempe-
ñado el papel de su padre, de su verdadero padre, Joaquim de
Seabra Pessoa, que murió de tisis cuando usted era un niño.
Pues bien, yo he ocupado su lugar.
[...] Pessoa se incorporó sobre las almohadas. Respiraba con
dificultad y la habitación ondulaba ante sus ojos. *(Los tres últimos días de Fernando Pessoa)*

Pero, ¿cuántas vidas caben en una vida? Basta con contemplar la vida de una persona a través de sus retratos de épocas diversas: ¿no nos asaltará un escalofrío de pasmo? ¿Es la misma
persona segmentada en varios tiempos o el tiempo segmentado
en varias personas? Y quienes envejecen con el mismo rostro de
cuando eran niños, ¿es que no nos provocan también miedo? Y,

sobre todo, ¿cuánto dura el tiempo de una vida? ¿Quién tiene razón, el registro civil o el Genio de las *Mil y una noches* encerrado en una lámpara? ("Fernando Pessoa: uno y muchos", en *Fernando Pessoa-poesía*)

Pessoa suspiró. Antonio Mora cogió las gafas de la mesilla y se las colocó. Pessoa abrió los ojos de par en par y sus manos se posaron sobre las sábanas. Eran exactamente las ocho y media de la tarde. *(Los tres últimos días de Fernando Pessoa)*

Pessoa es un genio porque entendió la otra cara de las cosas, de lo real y de lo imaginado, su poesía es un juego del revés. ("El juego del revés", en *El juego del revés)*

¿Y si Fernando Pessoa hubiese fingido ser precisamente Fernando Pessoa? Es sólo una sospecha. Las pruebas naturalmente no las tendremos nunca. Y a falta de pruebas no queda sino creer (o fingir que se cree) en los datos biográficos de aquel que fue la ficción de un impostor idéntico a sí mismo: o sea, Fernando António Nogueira Pessoa, hijo de Joaquim e Madalena Pinheiro Nogueira, empleado a media jornada como traductor de cartas comerciales en empresas lisboetas de importación y exportación. En las horas libres, poeta. *(Un baúl lleno de gente)*

PORTUGAL

Hay un proverbio antiguo que dice: "Muchos amigos, mucha gloria". Es un proverbio belicoso, no me gusta, no es mi proverbio. Lisboa, para mí, es, sobre todo, los amigos. Aquellos que se quedan, que permanecen, más también aquellos que ya no existen, su memoria. La memoria de Alexandre, gran poeta anarquista, lleno de resentimiento y ternura con el cual recorrí Lisboa en mi juventud.

Alexandre me ha dejado una gran añoranza. Vivía en la rua da Saudade. Yo escogí aquella rua para situar la habitación de mi Pereira. Es un homenaje a mi amigo Alexandre, que conocía Lisboa como ningún otro. (*Ajo Blanco*, 82, febrero de 1996, entrevista de Gabi Martínez)

En esa época me encontraba en París, en un simpático hotel en el que me alojo cuando puedo ir a París, en la calle Jacob. Mi habitación daba al patio interior, había un perfecto silencio. Por entonces, tenía un insomnio particularmente obstinado. Me imaginaba un alter ego, un personaje que había conocido Portugal como yo lo conocí, que regresaba a Lisboa varios años después y que, en su alucinación, se encontraba de nuevo con personas y lugares de su pasado, ahora desaparecidos, convertidos en fantasmas. Luego, por la mañana, yo iba al café. El café casi estaba desierto por la guerra del Golfo y París tenía miedo. Permanecía allí hasta la hora de la comida y, sin darme cuenta, escribía en portugués. El primer día pensé: cuando vuelva al hotel, traduciré estas páginas al italiano. Luego, me pareció una idea inaceptable. ¿Por qué traducir a otra lengua una escritura que había nacido en *aquella* lengua precisamente? Fue así como continué escribiendo en mi lengua adoptiva que, en aquel momento, había sustituido a la lengua materna. Por qué ocurrió de esa manera, no lo sé. Quizá porque ello depende de mi desarrollado sentido para el mimetismo. Además, cuando estoy en Portugal, me gusta hacer de portugués, que me tomen por un portugués. Quizá sucedió porque Portugal me adoptó. Portugal es un país amable y acogedor, ama a las personas que lo aman. Yo he amado mucho a Portugal que, a su vez, me ha amado. ¿Volveré a escribir en portugués? No lo sé. Soy italiano, mi lengua materńa es el italiano, pero es muy atractiva la experiencia de la alteridad, hallarse en el otro lado de la propia alma. Sin embargo, de momento, no tengo proyectos inmediatos de escritura. Prefiero leer, lo cual, como decía Borges, es una

actividad más noble al ser más abstracta. Prefiero dejar pasar
el tiempo, lo que es beneficioso para el reloj y para los recuerdos. Luego, veremos.

Un abbraccio,

Antonio
(*La Página,* 15)

También Portugal, a su manera, es un país periférico, un
país que durante siglos le dio la espalda a Europa y miró al
océano. Por eso lo amo y me he hecho medio portugués. Con la
lengua portuguesa hice la experiencia de la alteridad, porque
creo que es una experiencia enriquecedora para un escritor. Fre-
cuenté otra parte que está en mí, la portuguesa. Además, la alo-
glosia es una experiencia que, en el siglo XX, han tenido muchos
escritores que me gustan y que han intentado *mirarse escribir.*
Escribir en una lengua que no es la lengua materna es una experiencia que hace salir de sí, te lleva al otro lado de tu personalidad, como a un observatorio desde el que puedes mirarte a
ti mismo. No he tenido la fuerza (o el valor), como Beckett, de
frecuentar *al mismo tiempo* mis dos orillas de la lengua y del alma. Por eso no me he traducido al italiano. Para *Réquiem* elegí
un traductor. Beckett escribía en francés y, luego, se traducía al
inglés o escribía en inglés y después se traducía al francés. Ex-
perimentó *al mismo tiempo* los dos lados de su personalidad, su
"esquizofrenia". Creo que para eso hay que tener un fuerte control de sí mismo y yo no he sido capaz de realizarlo. Quise, pues,
que alguien tradujera mi *Réquiem* al italiano, como alguien
(Françoise Laye, y muy bien) lo tradujo al francés. Cuando lo escribí, ya no era italiano, en mí vivía mi ser *también* portugués.
(*La Página,* 15)

Lisboa, para mí, es una familia. Mi familia de adopción. Porque una ciudad es, sobre todo, los amigos que tienes, ¿no te parece? (*Ajo Blanco,* 82)

Lisboa aún tiene una simpática posibilidad de pasear. Por
ejemplo, ir de aquí al Tajo y luego sentarse en A Brasileira del
Chiado a tomar uno de esos ricos cafés que vienen de África. Otra
opción es coger el 28 en la Plaza del Comercio y subir hasta el
barrio de Grazia, pasando frente a la catedral. También se puede subir a pie, yo lo hago una o dos veces al mes. (*Ajo Blanco,* 82)

Me vine a Portugal y escribí sobre Portugal porque me dio la gana. (*Ajo Blanco*, 82)

Mientras que en España se contraponían el gran internacionalismo de los intelectuales y de los voluntarios que acudieron en socorro de la República Española y el nacionalismo del franquismo, en Portugal durante la década de los 30 se había consolidado una cultura cosmopolita, que fue brutalmente reprimida por la censura oficial, ya que el salazarismo, al igual que el franquismo, era una dictadura de carácter nacionalista. He intentado reflejar cómo en aquellos años el espíritu de Europa se concentraba especialmente en la península ibérica, convertida en una verdadera encrucijada donde se mezclaban personas de numerosos países en las Brigadas Internacionales y se contraponían la barbarie y la solidaridad. (*Conversaciones con Antonio Tabucchi*)

Mi primer contacto con Portugal fue a mediados de los años 60. Era el momento final del régimen de Salazar. Conocí a escritores perseguidos por el régimen y que tenían muchas dificultades. Surgió en mí un sentimiento de solidaridad cómplice hacia todos ellos. Y, desde entonces, fue como si tuviera dos patrias.

Y de inmediato todo comenzaba a tomar cuerpo y a dibujarse en sus perfiles: el jardín Do Principe Real, con el árbol centenario y su recinto de casas amarillas, la calle estrecha y recorrida por un tranvía chirriante [...] ("Noche, mar o distancia", en *El ángel negro*)

A aquella hora la Baixa estaba atestada de gente presurosa y chillona, las oficinas de las compañías de navegación y de las empresas comerciales cerraban sus ventanillas, en las paradas de tranvías se habían formado largas colas, se oía el grito monótono de los limpiabotas y de los vendedores de periódicos. ("El juego del revés", en *El juego del revés*)

Ésta es una zona de Alvaro do Campos, decía María do Carmo, en pocas calles hemos pasado de un seudónimo a otro. ("El juego del revés", en *El juego del revés*)

A aquella hora la luz de Lisboa era blanca hacia el estuario y rosada sobre las colinas, los edificios decimonónicos parecían una oleografía con el Tajo surcado por una pléyade de embarcaciones. ("El juego del revés", en *El juego del revés*)

[...] él adoraba el esquí, la montaña, desde este punto de vista Portugal era absolutamente impracticable. Objeté que también allí había montañas, oh la Serra da Estrela, exclamó, un simulacro de montaña, para llegar a los dos mil metros han tenido que ponerle una antena. Es un país marítimo, dije yo, un país de gente que se arrojó al océano, han dado al mundo locos respetables y educados, esclavistas y poetas enfermos de lejanías. ("El juego del revés", en *El juego del revés*)

[...] ¿ha visto alguna vez una corrida portuguesa?, no matan al toro, sabe, el torero revolotea en torno de él durante media hora y luego al final hace un gesto simbólico estirando el brazo como una espada, entra un rebaño de vacas haciendo tolón tolón, el toro se va derecho hacia el rebaño y todos a casa. ("El juego del revés", en *El juego del revés*)

Lisboa es una ciudad muy poco monumental. De cualquier modo, Lisboa es una ciudad que presta homenaje a unos cantores de una ciudad popular y, a veces, no son elegidos en la literatura porque son autores poco reconocidos. Antonio Oliveira, un fraile que atravesó todos los burdeles de Lisboa, nos ha dejado como nadie el auténtico lenguaje de aquella época, del siglo XVI. Las blasfemias, el hablar popular, las prácticas de las comadres. Y también está Pessoa, que me encanta. Y nadie se acuerda de que este hombre es el representante de una cierta Lisboa que dibuja perfectamente aquella época de mediados de siglo. (*La Nación*, suplemento Turismo, 18 de mayo de 1997)

POSMODERNIDAD

Aun aceptando sus planteamientos, no estoy seguro de ser un buen crítico de mí mismo bajo este aspecto, porque mis conocimientos sobre la posmodernidad no son demasiado amplios. He leído recientemente, eso sí, algunas consideraciones de un estudioso norteamericano, Brian McHale, que me han parecido muy sugestivas. Sostiene este crítico que mientras el fundamento del modernismo es epistemológico, el del posmodernismo es ontológico. En otras palabras, un escritor posmoderno no se pregunta nunca cómo puede interpretar el mundo del que forma parte, sino que se plantea en qué clase de mundo vive y qué es lo que hace él mismo en ese mundo. Desde este punto de vista, probablemente mi obra contribuye a ofrecer una idea del mundo extremadamente problemática, a dibujar una imagen de nuestra vida con un punto interrogativo, por lo que tal vez pueda ser considerada en efecto como posmodernista. (*La Página*,15)

No hay ningún problema, dijo el Vendedor de Historias, sólo tiene que escoger el género de historia que más le apetezca escuchar esta noche. De acuerdo, dije, pero antes quisiera pedirle una información, me parece que voy a tener que invitar a cenar a la persona con la que he quedado, usted debe de conocer bien la ciudad, tal vez pueda decirme si hay algún restaurante aceptable en Alcántara. Si que lo hay, sí, señor, dijo el Vendedor de Historias, justo enfrente del muelle hay un restaurante que antiguamente era una estación o algo por el estilo, ahora lo han transformado en un centro de servicios, tienen restaurante, bar, discoteca y no sé cuántas cosas más, es un sitio que está muy de moda, creo que es un local posmoderno. ¿Posmoderno?, dije yo, ¿posmoderno en qué sentido? Pues no sabría explicárselo, dijo el Vendedor de Historias, quiero decir que es un sitio con muchos estilos, mire usted, es un restaurante con muchos espejos y con una comida que no se entiende bien lo que es, en fin, que es un sitio que rompe con la tradición recuperando la tradición, digamos que parece el resumen de varias formas diferentes, en eso consiste lo posmoderno, a mi modo de ver. (*Réquiem*)

Yo veo la revisitación del tiempo como una categoría cultural semejante a la *saudade*, porque ésta consiste en la nostalgia del futuro, con lo cual nos hallamos ante un oxímoron, ante una contradicción. Tal vez por ello la *saudade* pueda ser considerada como una categoría, en cierto modo, posmoderna, y con esto volvemos a las raíces de estas cuestiones, es decir, a las vanguardias históricas, que se hallan en el origen de todo ello, gracias a la labor de destrucción que llevaron a cabo a principios de siglo. No sé si construyeron algo, pero desde luego han destruido mucho, lo cual puede ser un hecho positivo, naturalmente. La posmodernidad, probablemente, está hecha también de escombros. Si por posmodernidad entendemos una cultura fuerte que se ha desmoronado, entonces sí, soy un hijo de mi época. Si la posmodernidad es la cultura de estos hombres que surgen de entre los escombros, yo soy claramente uno de ellos. (*La página*, 15)

Las vanguardias históricas no sólo pretendían explicar el mundo sino que además querían transformarlo para que se pareciera a ellas mismas. Basta pensar en el surrealismo, o en el futurismo, que defendía una moda o una cocina futuristas. En ello consistió su gran ambición, pero también su gran equívoco. Con la posmodernidad se abandonan este tipo de pretensiones, debido precisamente al paso de una fase epistemológica a una ontológica, en la que se da un anhelo metafísico del que las vanguardias carecían.

De todas formas, la corriente posmoderna no es la única de la literatura de nuestros días, porque existe también, no hay que olvidarlo, otra tendencia que podríamos denominar "cientificista", representada en Italia, por ejemplo, por Italo Calvino en su última etapa, cuando decía que su escritor preferido era Galileo o publicaba *Palomar*, un libro claramente epistemológico que, como ya he dicho en otro momento de esta entrevista, no goza de mis simpatías, precisamente porque pretende interpretar el mundo, y yo prefiero las obras que se interrogan acerca del sentido que éste tiene. (*Conversaciones con Antonio Tabucchi*)

La metaficción pone al descubierto la ficción la revela en vez de esconderla. No se trata de un recurso exclusivo de la posmodernidad, puesto que ya ha sido empleado en siglos anteriores, comenzando por el mismo *Quijote*, o por el *Tristam Shandy* de Sterne. A veces, en determinados momentos de la historia, hay narradores que sienten la necesidad de develar los mecanismos de sus ficciones, no para desenmascarar simplemente un truco, sino para demostrar que lo ficticio y lo real pertenecen en realidad a un mismo plano, desde el momento en que ambos deben ser revelados, desentrañados, si queremos comprenderlos. No creo, pues, que se trate de un divorcio entre la literatura y la vida. Lo que sucede es que este tipo de obras develan el mundo de forma paradójica, complicándolo todo, incluso ese mundo que resulta descrito. La narrativa de nuestros días, eso sí, ha perdido cualquier aspiración demiúrgica y se siente incapaz de ensayar las grandes explicaciones globales a las que había aspirado, por ejemplo, la novela del XIX. Yo creo que la metaficción actual, al revelarse a sí misma, sigue revelando la realidad, pero lo que pretende expresar sobre todo son las dificultades de comprender tanto una como la otra. No se trata pues de un abandono de lo real; si hay algún abandono, es el de la voluntad epistemológica, con lo que volvemos de nuevo a las teorías de McHale. *(Conversaciones con Antonio Tabucchi)*

Nos encontramos sin duda ante una pérdida de certezas a nivel general, que la literatura se encarga simplemente de subrayar, porque las obras literarias son y han sido siempre un excelente instrumento para medir tanto la adquisición de certezas como su abandono. No creo, pues, que sea un fenómeno privativo del posmodernismo, sino, más en general, de las épocas de crisis, en las que se pierden valores y certezas, y en las que casi siempre se produce una separación entre literatura y ciencia. En otros períodos, en cambio, ambas discurren paralelas e incluso cogidas del brazo, señal de que la época es de una mayor adherencia a lo real, lo que genera una producción literaria de tipo "realista". *(Conversaciones con Antonio Tabucchi)*

Yo prefiero creer que ninguna historia tiene resolución, porque me gusta estar abierto a todas las contingencias. Me gustaría disponer de más de una vida y tener diversas posibilidades de existir en este mundo. Pero, por desgracia, tanto el propio mundo como la ciencia y la misma naturaleza tienen una estructura binaria, lo cual es muy limitativo y un poco deprimente. Creo que una de las pocas libertades que le han sido concedidas al hombre es la de romper este binarismo de la vida a través del arte. El arte es subversivo respecto de la naturaleza, porque mientras ésta debe obedecer a sus leyes, debe ser macho o hembra, por ejemplo, el arte, en cambio, puede romper con ellas o dar la ilusión de hacerlo. Es la única libertad que los dioses nos han concedido y hay que aprovecharla. *(Conversaciones con Antonio Tabucchi)*

[En *Réquiem*] el protagonista hace notar a Pessoa, quien encuentra la posmodernidad vulgar, que la raíz de la misma puede hallarse también en él, dado que las vanguardias artísticas en las que tan activamente participó tienen una clara responsabilidad en el surgimiento de la sensibilidad contemporánea. Después de ellas se ha roto el equilibrio, porque su labor de subversión cultural a principios de siglo ha destruido una cierta visión del mundo y la continuidad de la tradición estética anterior. Pessoa, naturalmente, se siente sorprendido, porque con toda probabilidad quien participó en las vanguardias históricas no podía imaginar lo que sucedería después, no podía imaginar en lo que nos convertiríamos nosotros, hijos de esas vanguardias que tan profundamente nos han formado. *(Conversaciones con Antonio Tabucchi)*

No sé si estoy de acuerdo en ser definido como un autor posmoderno. Hay una profesora americana que ha escrito un artículo rechazando precisamente las calificaciones de este tipo que se han hecho acerca de mi obra. *(Conversaciones con Antonio Tabucchi)*

El lector, ante este tipo de obras, se enfrenta a una experiencia parecida a la de contemplar una pintura de Vermeer, de esas que incluyen otros cuadros en el tema del lienzo. Quien la observa sabe que el artista está jugando en realidad con dos cuadros: el que efectivamente estaba realizando y el que se introducía dentro de éste. *(Conversaciones con Antonio Tabucchi)*

Es mi ayudante, respondió Pereira, el joven que me escribe los artículos que no puedo publicar. Pues búsquelo, señor Pereira, él es joven, es el futuro, usted necesita tratar con un joven, aunque escriba artículos que no pueden publicarse en su periódico, deje ya de frecuentar el pasado, frecuente el futuro. *(Sostiene Pereira)*

SAUDADE

La Saudade, decía Maria do Carmo, no es una palabra, es una categoría del espíritu, sólo los portugueses pueden sentirla, porque poseen esta palabra para decir que la tienen, lo ha dicho un gran poeta. ("El juego del revés", en *El juego del revés*)

Los portugueses tienen un buen café, dijo, pero no les sirve de mucho, al parecer, son tan melancólicos, les falta salero, ¿no cree? Le dije que tal vez lo habían sustituido con la saudade, él estuvo de acuerdo... ("El juego del revés", en *El juego del revés*)

El dios de la Añoranza y de la Nostalgia es un niño con cara de viejo. Su templo se levanta en la isla más lejana, en un valle defendido por montes inaccesibles, cerca de un lago, en una zona desolada y salvaje. El valle está siempre cubierto por una bruma tenue como un velo. [...] He llamado templo a una construcción que más bien debería llamar cabaña: porque el dios de la Añoranza y de la Nostalgia no puede vivir en un palacio ni en una casa ostentosa, sino en una morada pobre como un gemido que está entre las cosas de este mundo con la misma vergüenza con la que una pena secreta se aposenta en nuestro ánimo. Ya que este dios no concierne únicamente a la Añoranza y a la Nostalgia, sino que su deidad se extiende a una zona del espíritu que alberga el remordimiento, la pena por lo que fue y que ya no causa más pena sino tan sólo la memoria de la pena, y la pena por lo que no fue y habría podido ser, que es la pena más lacerante. ("Hespérides. Sueño en forma de carta", en *Dama de Porto Pim*)

Hoy cuando veo esas nuevas manifestaciones de racismo en Italia, en Francia, en Alemania, aumenta mi sentido de culpabilidad. Es irracional, pero es así. Aplicado a la vida práctica, a la vida cotidiana, el sentido de culpabilidad produce extraños efectos. Crea pantanos, ciénagas, aguas muertas. Todo habría podido ser diferente –¡la vida!–, y sin embargo, por culpa nuestra [...] Bueno, pero eso es literatura, como se suele decir, y justo es que así sea, porque yo escribo. Pienso en lo que hubiese podido ser y no ha sido. El remordimiento es eso, ligado probablemente a un concepto, a una categoría que descubrí en Portugal y que se llama "saudade". Es probablemente una palabra imposible de traducir a otras lenguas, porque es una categoría del espíritu. Es una nostalgia muy compleja, una nostalgia del pasado, pero también una nostalgia del futuro, de lo que quisiéramos ser y no somos, de lo que habríamos podido ser y no hemos sido. A su manera es un "juego del revés" que si hubiesen encontrado a otro autor diferente a mí, éste les habría dado otro destino, otra vida. (*La Página*, 15)

SUEÑOS

Soñó que se encontraba en las entrañas de un palacio inmenso, y estaba recorriendo un pasillo. El pasillo desembocaba en otro pasillo y Dédalo, cansado y confuso, lo recorría apoyándose en las paredes. Cuando hubo recorrido el pasillo, llegó a una pequeña sala octogonal de la cual partían ocho pasillos. Dédalo empezó a sentir una gran ansiedad y un deseo de aire puro. Enfiló un pasillo, pero éste terminaba ante un muro. Recorrió otro, pero también terminaba ante un muro. Dédalo lo intentó siete veces hasta que, al octavo intento, enfiló un pasillo larguísimo que tras una serie de curvas y recodos desembocaba en otro pasillo. Dédalo entonces se sentó en un escalón de mármol y se puso a reflexionar. En las paredes del pasillo había antorchas encendidas que iluminaban frescos azules de pájaros y flores. ("Sueño de Dédalo, arquitecto y aviador", en *Sueños de sueños*)

Estoy triste, dijo Michelangelo Merisi. Cristo lo miró y no respondió. Se sentó en un banco de piedra y se quitó las sandalias. Se dio un masaje en los pies y dijo: Estoy cansado, he venido a pie desde Palestina para buscarte.

Michelangelo Merisi estaba vomitando apoyado en la pared de una esquina. Pero soy un pecador, gritó, no debes buscarme.

Cristo se acercó y le tocó un brazo. Yo te he hecho pintor, dijo, y quiero un cuadro pintado por ti, después podrás seguir la senda de tu destino.

Michelangelo Merisi se limpió la boca y preguntó: ¿Qué cuadro?

La visita que te he hecho esta tarde en la taberna, sólo que tú serás Mateo.

De acuerdo, dijo Michelangelo Merisi, lo haré. Y se dio vuelta en la cama. Y en aquel momento la prostituta lo abrazó roncando. ("Sueño de Michelangelo Merisi, llamado Caravaggio, pintor y hombre iracundo", en *Sueños de sueños*)

El tres de abril de 1930, el último mes de su vida, Vladimir Maiakovski, poeta y revolucionario, tuvo el mismo sueño que desde hacía un año soñaba todas las noches.

Soñó que se encontraba en el metro de Moscú, en un tren que corría a una velocidad de vértigo. Él estaba fascinado por la velocidad, porque adoraba el futuro y las máquinas, pero ahora sentía unas enormes ganas de bajar y daba vueltas con insistencia a un objeto que llevaba en el bolsillo. Para calmar su ansiedad pensó en sentarse y escogió un asiento cerca de una viejecita vestida de negro que llevaba la bolsa de la compra. Cuando Maiakovski se sentó a su lado la viejecita dio un respingo asustada.

¿Tan feo soy?, pensó Maiakovski, y sonrió a la viejecita. Y al mismo tiempo le dijo: No tenga miedo, no soy más que una nube y no pretendo otra cosa que bajar de este tren. ("Sueño de Vladimir Maiakovski, poeta y revolucionario", en *Sueños de sueños*)

Detrás de la oscuridad de los párpados, en la oscuridad de la noche, una voz gritó: "¡Al subterráneo! ¡Llevadlos al subterráneo!". Había bajado de la cama y se había acercado a la ventana. Sentía pasos en la grava y el ruido sordo de un motor. Acercó los ojos a las tablillas de las persianas pero a través de las ranuras vio sólo las copas de los árboles. Entonces arrastró una silla hasta el alféizar y pudo mirar hacia abajo. La imagen perdió nitidez. Sí, un camión. Haces de luz en las sombras del parque. Soldados con los cascos bruñidos. ¿Llovía? Fusiles. Palabras extranjeras. Los hombres descendían del camión uno detrás de otro. Un soldado los empujaba con el fusil. Después oyó gritar "¡Al subterráneo! ¡Llevadlos al subterráneo!". Había un hombre con un impermeable y un sombrero calado hasta los ojos. Tenía las manos en el bolsillo. ¿Había sido él quien había gritado? ¿Era él su padre? Sintió que tenía los pies helados porque estaba descalzo sobre las baldosas. El camión se internó en el bosque. Vio los haces de luz que resbalaban sobre los troncos de los árboles. Volvió a la cama. Todo estaba en silencio. Tenía sueño. La cama estaba todavía caliente. Después oyó el grito de su madre, un grito en voz alta, uno solo.

¿O había sido todo un sueño? ("Nochevieja", en *El ángel negro*)

A veces me paseo de noche por esa zona, tomo un tranvía lentísimo que desciende toda la Avenida y las callejas de la ciudad baja y luego enfila el paseo fluvial y parece emprender una eterna carrera de asmáticos con los remolcadores que se deslizan al lado, más allá del parapeto, tan cerca que se podrían tocar con la mano. Hay viejas cabinas telefónicas todavía de madera, a veces con alguien dentro, una anciana con aire de bienestar perdido, un ferroviario, un marinero y yo pienso: ¿con quién hablará? Luego el tranvía rodea la plaza del Museo de la Marina, es una plazuela con tres palmeras centenarias y unos bancos de piedra, donde en ocasiones niños pobres juegan a juegos de niños pobres, como en mi infancia, saltando con una cuerda o sobre un dibujito trazado con tiza en el suelo. ("Any where out of the world", en *Pequeños equivocos sin importancia*)

Qué distinto era ver una ciudad con una hermosa luz y un sol deslumbrante. Firmino se acordó de la última vez que había visto aquella ciudad, aquel día de niebla de diciembre cuando le había parecido tan lúgubre. En cambio, ahora Oporto tenía un aspecto alegre, vital, bullicioso, y las macetas de los alféizares de Rua das Flores estaban todas floridas. *(La cabeza perdida de Damasceno Monteiro)*

A menudo me ha asaltado el deseo de conocer los sueños de los artistas a los que he admirado. Por desgracia, aquellos de quienes hablo en este libro no nos han dejado las travesías nocturnas de su espíritu. La tentación de remediarlo de algún modo es grande, convocando a la literatura para que supla aquello que se ha perdido. Y, sin embargo, me doy cuenta de que estas narraciones vicarias, que un nostálgico de sueños ignotos ha intentado imaginar, son tan sólo pobres suposiciones, pálidas ilusiones, inútiles prótesis. Que como tales sean leídas, y que las almas de mis personajes, que ahora estarán soñando en la Otra Orilla, sean indulgentes con su pobre sucesor.

A. T.

(Nota de *Sueños de sueños*)

Los autores anglosajones me gustan porque miran hacia el mundo exterior. Escritores como Kipling o Stevenson han dirigido su mirada fuera de sí mismos y nos han narrado lo que veían, es decir, lo otro, lo diverso, lo ajeno. He citado dos narradores clásicos pero el interés de la cultura inglesa por lo diverso se manifiesta en las más variadas formas y nada mejor que citar a este propósito una de las grandes obras de esta literatura, a cuyo autor he querido rendir homenaje en uno de mis últimos libros, *Réquiem*. Se trata de *Alicia en el país de las maravillas* de Lewis Carroll, libro que encierra en sí el sentido de lo grotesco, de la sátira y de la fábula precisamente porque se trata de un sueño, y, como todo lo que se refiere a los sueños, ejerce una gran fascinación sobre mí. *(Conversaciones con Antonio Tabucchi)*

Y, luego, el sueño. Pero para hablarte del sueño, debería hablarte del insomnio que es mi compañera. Mis sueños, y también mis alucinaciones como *Réquiem*, no nacen del sueño, nacen del insomnio. Puedo pasar noches enteras de insomnio. Me quedo en la cama, con la luz apagada. Durante esas horas, cuando busco un adormecimiento que no viene, las asociaciones libres llegan *casi* como en el sueño. Hago entonces juegos mentales, pequeños trucos para entretener al insomnio, como por ejemplo imaginar que soy alguien que tiene un sueño. *Sueño de sueños* nació al imaginar que soñaba los sueños de otro. Y, en cierto modo, así nació *Réquiem*. (*La Página*, 15)

Creo que somos tentados en todas las edades de nuestra vida; más aún, quizá las tentaciones peores, las más difíciles y frecuentes, sean las de la madurez. El joven nunca es tentado realmente porque su vida se basa sobre todo en su voluntad y en su entusiasmo espontáneo, y posee además todo el tiempo del mundo. Las de los jóvenes son más bien sueños, no tentaciones: se sueña con ser alguien, con ser distintos, con viajar, y se intenta conseguirlo. Cuando alcanzamos la madurez, en cambio, en la época de nuestra vida en la que poseemos un completo dominio de nuestras acciones, cuando estamos ya formados y tenemos nuestra vida encarrilada, entonces sí que la presencia de la tentación resulta realmente poderosa. Cambiar, en ese momento, significa intentar evadirse eventualmente de una existencia gris para convertirse en un viajero. Ésa es la verdadera tentación, la que significa abandonarlo todo y marcharse. (*Conversaciones con Antonio Tabucchi*)

Este *Réquiem*, además de una "sonata", es también un sueño en el que mi personaje se encuentra con vivos y con muertos en un mismo plano: personas, cosas y lugares a los que tal vez les hacía falta una plegaria, plegaria que mi personaje sólo ha sabido hacer a su modo, a través de una novela. Pero, por encima de todo, este libro es un homenaje a un país que yo he adoptado y que me ha adoptado a su vez, a una gente que me ha amado y a la que yo también he amado. Si alguien me hiciera notar que este *Réquiem* no ha sido interpretado con la solemnidad que conviene a un *Réquiem*, no podría dejar de estar de acuerdo. Pero la verdad es que he preferido tocar mi música no con el órgano, que es un instrumento propio de las catedrales, sino con una armónica de las que se pueden llevar en el bolsillo o con un organillo de los que se pueden llevar por las calles. Como a Drummond de Andrade, siempre me gustó la música barata, y, como él decía, "no quiero a Haendel

por amigo mío, ni escucho el matinal de los arcángeles. Me basta
lo que de la calle ha venido, sin mensajes, y que, como nos perdemos, se ha perdido". *(Conversaciones con Antonio Tabucchi)*

[...] hoy es un día muy extraño para mí, estoy soñando, pero
me parece que todo es real y tengo que encontrarme con unas
personas que sólo existen en mi recuerdo. *(Réquiem)*

Hijo, me dijo la vieja, escucha, así no puedes continuar, tú no
puedes vivir en dos lados, el lado de la realidad y el lado del sueño, eso provoca alucinaciones, eres como un sonámbulo que
atraviesa un paisaje con los brazos extendidos y todo aquello que
tocas pasa a formar parte de tu sueño, yo misma, que soy vieja
y gorda y peso ochenta kilos, siento que me disuelvo en el aire al
tocar tu mano, como si pasara a formar parte también de tu sueño. *(Réquiem)*

De todas formas, sería bueno que supieras una cosa, dijo mi
Padre Joven, no ha sido por mi propia voluntad por lo que he
aparecido en este cuarto, ha sido tu voluntad la que me ha llamado porque eras tú quien quería soñarme, ahora sólo me queda tiempo para decirte adiós, hijo mío, la criada está a punto de
llamar a la puerta, tengo que marcharme. *(Réquiem)*

Porque, si lo pensamos bien, casi la mitad de nuestra vida nos
la pasamos soñando y sin embargo damos mucha más importancia a lo que nos sucede cuando estamos despiertos, que es precisamente lo que llamamos realidad, como si lo demás no fuera
real. Por lo tanto no he podido dejar nunca de interrogarme acerca de lo que significan en verdad los sueños. ¿De dónde proceden?, ¿nos los envían los dioses, como creían los antiguos, o la
conciencia, como supone el doctor Freud? ¿Tienen un significado, como afirma el propio Freud, o no quieren decir nada, como
sostiene Roger Caillois, y son simplemente imágenes que nos vi-
sitan? Y nosotros mismos, ¿qué somos en el momento en que estamos soñando? Me parecen todas cuestiones apasionantes.
Además, los hombres, desde siempre, en todas las culturas, han
intentado comprender y explicar los sueños y a mí me parece un
afán hermoso, aunque probablemente vano y a veces patético, en
relación con una experiencia tan fantasmagórica, tan cercana a
lo maravilloso, y que sin embargo vivimos casi todas las noches.
(Conversaciones con Antonio Tabucchi)

En ocasiones una solución parece plausible sólo de este modo: soñando. Tal vez porque la razón es miedosa, no consigue llenar los vacíos entre las cosas, establecer la plenitud, que es una forma de simplicidad, prefiere una complicación llena de agujeros, y entonces la voluntad confía la solución al sueño.

Esta noche he soñado con Miriam. Vestía una larga túnica blanca que desde lejos parecía un camisón; avanzaba a lo largo de la playa, las olas eran pavorosamente altas y se rompían en silencio, debía de ser la playa de Biarritz, pero estaba completamente desierta, yo estaba sentado en una tumbona, la primera de una interminable hilera de tumbonas vacías, pero tal vez era otra playa, y yo le he hecho una seña con el brazo invitándola a sentarse, pero ella ha seguido caminando como si no me hubiera visto, con la mirada fija hacia adelante, y cuando ha pasado por mi lado me ha invadido una oleada de aire glacial, como si llevara consigo un halo: y entonces, con el estupor sin sorpresa de los sueños, he comprendido que estaba muerta. ("Enigma", en *Pequeños equívocos sin importancia*)

TRADUCCIÓN

...–¿Qué quiere decir?, pregunté. –Nada en especial –dijo él– sólo esto, que Maria do Carmo recibía muchas traducciones del extranjero, usted me entiende, ¿no es así? –No le entiendo –dije yo. –Digamos que no quiere entenderme– me corrigió Nuno Meneses de Sequeira–, que prefiere no entenderme, la realidad es desagradable y usted prefiere los sueños. [...]

De la ventana llegó el sonido de una sirena, tal vez un barco que entraba en el puerto, e inmediatamente sentí un inmenso deseo de ser uno de los pasajeros de aquel barco, de entrar en el puerto de una ciudad desconocida que se llamaba Lisboa y de tener que llamar por teléfono a una mujer desconocida para decirle que había salido una nueva traducción de Fernando Pessoa, y aquella mujer se llamaba Maria do Carmo. [...]

En el hotel abrí la carta. Sobre una hoja en blanco estaba escrita, en letras mayúsculas y sin acentos, la palabra SEVER. La invertí mecánicamente, en el pensamiento, y luego debajo, también yo con mayúsculas y sin acentos, escribí con el lápiz: REVES. [...] Tal vez Maria do Carmo había llegado finalmente a su revés. Le auspicié que fuese como lo había deseado y pensé que la palabra española y la francesa tal vez coincidían en un punto. ("El juego del revés", en *El juego del revés*)

Es el diario de hoy, de este hoy que está viviendo, y de este año del calendario gregoriano: es el diario de hoy el que tú estás leyendo hoy. *Any where out of the world.* Relees la frase por décima vez, esto no es un anuncio normal, es una frase clandestina publicada previo pago en un periódico de la tarde, no hay apartado de correos, direcciones, nombres, empresas, escuelas, nada. Sólo esto *Any where out of the world.* Pero tú no necesitas saber más, porque la frase lo arrastra con ella, como una crecida de río arrastra los detritus, restos de palabras que tu memoria va ordenando claramente, con una calma que te hiela: "Cette vie est un hôpital où chaque malade est possédé du désir de changer de lit. Celui-ci voudrait souffrir en face du poêle, et celui-lá croit qu'il guérirait à côté de la fenêtre." ("Esta vida es un hospital en el que cada enfermo está poseído por el deseo de cambiar de cama. Éste querría sufrir frente a la estufa, y aquél cree que sanaría al lado de la ventana.")

[...] las palabras regresan, también ellas se encienden en tu mente, casi te parece verlas brillar, son pequeños faros en la noche, marcan la distancia y sin embargo podrías agarrarlas, caben en el espacio de una mano: "Il me semble que je serais toujours bien là où je ne suis pas, et cette question de déménagement en est une que je discute sans cesse avec mon âme". ("Me parece siempre estar bien donde estoy, y este problema de mudanza es uno de los que discuto sin cesar con mi alma.") ("Any where out of the world", en *Pequeños equívocos sin importancia*)

En ese privilegiado espacio que precede al momento del sueño, y que para mí es el espacio más idóneo para recibir las visitas de mis personajes, le dije que volviera de nuevo, que se confiase a mí, que me contara su historia. Volvió y yo encontré para él de inmediato un nombre: Pereira. En portugués Pereira significa peral y, como todos los nombres de árboles frutales, es un apellido de origen judío, al igual que en Italia los apellidos de origen judío son nombres de ciudades. Con ello quise rendir homenaje a un pueblo que ha dejado una gran huella en la civilización portuguesa y que ha sufrido las grandes injusticias de la Historia. Pero hubo otro motivo, esta vez de origen literario, que me empujaba hacia ese nombre: una pequeña pieza teatral de Eliot titulada *What about Pereira?* en la que dos amigas evocan en su diálogo a un misterioso portugués llamado Pereira, del cual no se llegará a saber nada. ("Nota de Antonio Tabucchi a la décima edición italiana", *Sostiene Pereira*)

Si alguien me preguntara por qué esta historia ha sido escrita en portugués, le contestaría que una historia como ésta sólo podía ser escrita en portugués, y ya está. Pero habría algo más que especificar al respecto: en rigor, un réquiem debería escribirse en latín, o al menos eso es lo que prescribe la tradición, pero sucede que, por desgracia, el latín no se me da muy bien. En cualquier caso, comprendí que no podía escribir un réquiem en mi lengua, sino que necesitaba una lengua distinta, una lengua que fuera un lugar de afecto y, a la vez, de reflexión. *(Réquiem)*

Más que el fracaso, lo que me interesaba era el naufragio *(Dama de Porto Pim)*

Creo que esto no lo he llegado a explicar en ninguna otra ocasión, aunque quizá lo haya sugerido algún crítico. Lo que yo quería hacer era un libro sobre el naufragio existencial, sobre el naufragio de la vida, de modo que me hacía falta un lugar que sim-

bolizara plenamente ese tema. Y lo encontré en unas islas, como
son las Azores, en las que muchísima gente, en todas las épocas,
ha naufragado de verdad. Islas en las que hallé, además de náufragos verdaderos, náufragos existenciales también. Y pensé entonces que aquél era un lugar idóneo, casi predestinado, el más
simbólico posible para lo que yo quería hacer. Me pareció que las
islas Azores podían constituir un lugar ejemplar, simbólico, de
un gran naufragio, donde se encontraran, mezclados indistinta-
mente, los náufragos de la historia, de las naves y de las barcas
reales, de una profesión, la de los balleneros, que ya no se prac-
tica, de una vida, de un amor, de las ideologías, como en el caso
de Antero de Quental, etc, etc. Todo ello junto con la historia de
un viajero que cree estar realizando un viaje que en realidad no
consigue llevar a cabo. Es decir, historias de lo que los portugueses llaman *destroços*, que no sé cómo se puede traducir al español. (*Conversaciones con Antonio Tabucchi*)

La mediación de la *traducción* hacía menos vulgar la propuesta, y ella le agradeció que tuviera al menos esa fineza. Y responder también fue más fácil, porque ella igualmente renunció a hablar en francés, pronunciando palabras que, transmitidas por
Françoise en un lenguaje incomprensible, tenían una vida propia
que no le atañía, eran palabras que no le pertenecían, que no tenían "ningún" significado. Le escribiría por intermedio de su se-
cretaria, ése no era el momento de adoptar decisiones, esperaba
que la comprendiera: claro que tomaría en cuenta que su propuesta había sido la primera, pero en ese instante, sí podía per-
donarla, debía atender otros compromisos. Miró a Françoise.
Otros compromisos como..., no lo sabía, no le importaba, Françoise miraba su libreta y pensaba en todo. Se abandonó a esa impresión infantil, siguiendo a Françoise: y el sentirse como una niña olvidada que traspasando escombros de años emergía desde
honduras sepultadas en su cuerpo de vieja cansada, le renovó
las ansias de llorar, de sollozar sin reserva; pero además se sintió ligera, casi exaltada: por un instante le pareció que esa niña
que se había asomado en su interior podría haber comenzado a
brincar, a bailar en corro, a canturrear. Y lo mismo que la impul-
só a llorar le quitó las ganas de llorar: y desde la biblioteca se ex-
pandía una luz hiriente, el suelo estaba atravesado por cables y
alguien hablaba elevando mucho la voz. Piden una entrevista para el telediario de la tarde, dijo Françoise, el propio director de televisión ha llamado por teléfono, he impuesto un límite máximo

de tres minutos, pero si no está dispuesta los despido. Ils sont
des bêtes, añadió con desprecio. ("Esperando el invierno", en *Pequeños equívocos sin importancia*)

Si el señor lo prefiere podemos hablar en inglés, dijo el Lotero Cojo, en inglés no hay problemas, siempre es *you*, yo hablo
bien el inglés, o hagámoslo en francés, tampoco tiene confusiones, es siempre *vous*, hablo muy bien el francés también. No, respondí, perdóneme, yo preferiría el portugués, esto es una aventura portuguesa, no quiero salir de mi aventura. *(Réquiem)*

VIAJE

En realidad no me gusta viajar para presentar mis libros y de hecho lo hago poco. Las presentaciones tradicionales de libros no me gustan e intento evitarlas lo más posible, a menos que el viaje presente un gran interés geográfico. Acepto con mucho gusto en cambio los desplazamientos cuando recibo invitaciones para dar conferencias o para hablar de literatura o bien cuando alguno de mis editores organiza una cena en su casa para celebrar la aparición o la traducción de alguno de mis libros. *(Conversaciones con Antonio Tabucchi)*

¿Dónde está entonces la vida, la "verdadera" vida? Quizá en otra parte, como ya se ha dicho. No importa, porque de todas maneras no basta. Buscar algo que baste es una empresa inútil y absurda, pero *necesaria*. Por eso, escribimos. El resto quizá no sean más que nubes. He vivido, he amado, he luchado en la "verdadera" vida, como todo el mundo. Y he viajado mucho. Pero para mis viajes he elegido siempre la "periferia" (las Azores, Macao, Goa), porque en esos lugares que se han sobrevivido a sí mismos es donde me siento mejor, porque son lugares en donde uno se encuentra a los personajes que más quiere: los que viven la vida como si hubieran escapado de un naufragio. Debo decir que nunca viajé para escribir libros. He viajado por viajar y los libros han venido solos. Lo que no sé es por qué he viajado. Quizá porque el viaje es siempre una búsqueda y proporciona la ilusión de buscar la "vida", de buscar algo que baste; la ilusión quizá de buscarse a sí mismo. *(La Página, 15)*

Yo siento en general una fuerte predilección por el sur de Europa. He viajado también por el norte, pero prefiero sin duda el sur. Y de ese sur he elegido la península ibérica, que me parece una zona de especial interés por su gran espesor cultural. Ahora bien, el hecho de que mi dedicación de estudioso se haya dirigido específicamente a Portugal es, como todas las cosas importantes de esta vida, una casualidad. Cuando yo era un estudiante de primer curso de Filosofía y Letras, mi propósito inicial era el de licenciarme en filología románica o incluso en literatura española, porque era una literatura que me atraía mucho; por aquel entonces, en realidad, conocía bien poco de Portugal. Pero aquel verano, durante un viaje a París, compré en un *bouquiniste* un pequeño libro que se titulaba *Bureau de tabac* de Fernando Pessoa, es decir, el poema "Tabaquería". Era una traducción francesa,

172   Sostiene Tabucchi

sin el texto original, de un poeta que para mí era desconocido. Leí el libro en el viaje de tren que me llevó desde París de vuelta a mi casa y me entusiasmé con aquella lectura. Después, acabado el verano, cuando empecé el segundo año de universidad, decidí cambiar la orientación de mis estudios, al comprobar que en mi imaginación seguía presente el reclamo y la idea de ese desconocido y curioso poeta portugués que me había seducido. A mediados de aquel curso, con un pequeño automóvil que tenía por entonces, un Fiat quinientos, viajé por primera vez a Portugal. Atravesé la Costa Azul y España, me quedé varios días en Madrid porque era una ciudad que me gustaba mucho y después proseguí mi viaje hacia Lisboa. Así empezó todo. *(Conversaciones con Antonio Tabucchi)*

La vida es una cita, sé que estoy diciendo una banalidad, Monsieur, sólo que nosotros nunca sabemos el cuándo, el quién, el cómo, el dónde. Y entonces uno piensa: si hubiera dicho esto en lugar de aquello, o aquello en lugar de esto, si me hubiera levantado tarde en lugar de pronto, o pronto en lugar de tarde, hoy sería imperceptiblemente diferente, y tal vez todo el mundo sería imperceptiblemente diferente. O sería lo mismo, y yo no podría saberlo. Pero, por ejemplo, yo no estaría aquí contando una historia, proponiendo un enigma que no tiene solución, o tiene una solución que es inevitable y que yo ignoro, y de ese modo se lo cuento a algún amigo, de vez en cuando, rara vez, tomando una copa, y digo: te propongo un enigma, veamos cómo lo resuelves. Pero, dígame, ¿por qué le interesan a usted los enigmas? ¿Le apasionan los jeroglíficos o tal vez sólo es la curiosidad estéril de quien observa las vidas ajenas?

Una cita y un viaje, también esto es una banalidad, me refiero a la vida, naturalmente, la de veces que se habrá dicho; y luego en el gran viaje se hacen viajes, son nuestros pequeños recorridos insignificantes en la corteza de este planeta que a su vez viaja, pero ¿hacia dónde? ("Pequeños equívocos sin importancia", en *Pequeños equívocos sin importancia)*

Dos libros de viajes que me atraen muchísimo. En general, éste es uno de los géneros literarios que más me interesa, porque siempre me han gustado los escritores que han sabido observar el mundo, que han sido curiosos, que han salido de su propio yo. El primero al que me refería es *Os Lusíadas* de Luis de Camõens, la gran epopeya renacentista, que se puede leer también como una novela de aventuras o como un espléndido libro de viajes. Es una obra que me gustaría mucho traducir al italiano y tal vez algún día lo haga. El segundo libro que me gustaría destacar es *Peregrinação* de Fernão Mendes Pinto, autor que fue denominado satíricamente Mendes Minto, es decir, "miento", lo que ya da una idea del carácter fabuloso de su obra. En ella relata, como otra gran epopeya renacentista aunque en prosa y de otro signo, su azarosa vida, dedicada a viajar por Oriente, empleado en los más dispares oficios y viviendo las más variadas aventuras. Era sobre todo un aventurero que recorrió medio mundo como pirata, mercenario o contrabandista, que fue arrestado varias veces e incluso condenado a galeras [...] una vida muy agitada, vaya, aunque probablemente haya añadido algo de fantasía a la crónica de sus andanzas, como he dicho. Se lo puede considerar un auténtico "pícaro", por las similitudes de su libro con el coetáneo género español. Mi interés por esta figura reside en que representa la otra cara de la medalla de las grandes conquistas y viajes portugueses, sobre todo si se lo pone en relación con otra obra, la *Historia trágico-marítima*, compilación dieciochesca de testimonios y relatos de naufragios de los dos siglos anteriores. Si la epopeya de Camõens representa el haz de la celebración triunfal de un periodo histórico, estos dos libros suponen su envés más humano, más sórdido y desafortunado, aunque tal vez no menos aventurero. *(Conversaciones con Antonio Tabucchi)*

En principio quiero dejar clara una cosa: nunca he realizado un viaje para escribir sobre el mismo. Siempre los he hecho para vivirlos, nunca para escribir sobre ellos. Me parece una distinción importante, porque hay escritores que viajan por esa razón, mientras que mis viajes, en cambio, siempre han tenido otros motivos, a menudo, profesionales: para investigar en bibliotecas o archivos, para dar conferencias, etc. Creo que el viaje ha de ser esencialmente vivido, porque es como la vida que existe para ser vivida, no para ser escrita. El deseo de revivir el viaje en la memoria es algo posterior, pero, en cualquier caso, nunca lo hago en términos de crónica: jamás tomo notas cuando estoy de viaje, al contrario, lo pierdo siempre todo, incluso los billetes [...] (soy muy desordenado, la verdad). Me fío tan sólo de lo que permanece en la memoria, que suele ser poco y que no sirve para escribir la crónica de un viaje, aunque en ocasiones pueda utilizarse para ilustrar un relato de ficción. Esto es lo que yo he hecho siempre y nunca relaciones de viaje, algo para lo que me considero in-

capaz, como tampoco soy capaz de llevar un diario: es parte de
mi carácter, no podría hacerlo de otro modo. Por tanto, el viaje se
convierte en un lugar de la memoria y como tal puede convertirse posteriormente en un lugar de la ficción narrativa. *(Conversaciones con Antonio Tabucchi)*

Nunca he viajado para inspirarme. Lo he hecho por trabajo.
Posteriormente esas experiencias resurgen en la memoria y es
entonces cuando pasan a formar parte de un libro. No me atrae
lo pintoresco; lo que me hace cobrar cariño e interés por un lugar son las personas que habitan en él. (*La Nación*, 18 de mayo de
1997, entrevista por José Rivas)

[...] y cuando estaba en mi habitación tomaba apuntes confu-
sos en una agenda que había titulado *Voyage en Afrique*: cons-
truía un itinerario turístico ideal que tarde o temprano, estaba
segura, los señores Huppert me habrían invitado a recorrer con
ellos. ("Paraíso celeste", en *El juego del revés*)

BIBLIOGRAFÍA DE ANTONIO TABUCCHI

1. Obras de ficción

Piazza d'Italia, Milán, Bompiani, 1975. Traducción española de Carlos Gumpert y Xavier González Rovira, Barcelona, Anagrama, 1998.

Il piccolo naviglio, Milán, Mondadori, 1978.

"Irma Sirena", en AA.VV., *L' Astromostro. Racconti per bambini*, Milán, Feltrinelli, 1980.

Il gioco del rovescio, Milán, Il Saggiatore, 1981; segunda edición aumentada con tres nuevos cuentos, Milán, Feltrinelli, 1988. Traducción española de Carmen Artal, *El juego del revés*, Barcelona, Anagrama, 1986. Los cuentos añadidos en la segunda edición han sido traducidos en la versión española de *Los volátiles del Beato Angélico*.

Donna di Porto Pim, Palermo, Sellerio, 1983. Traducción española de Carmen Artal, *Dama de Porto Pim*, Barcelona, Anagrama, 1984.

Notturno indiano, Palermo, Sellerio, 1984. Traducción española de Carmen Artal, *Nocturno hindú*, Barcelona, Anagrama, 1985.

Piccoli equivoci senza importanza, Milán, Feltrinelli, 1985. Traducción española de Joaquín Jordá, *Pequeños equívocos sin importancia*, Barcelona, Anagrama, 1987.

Il filo dell'orizzonte. Milán, Feltrinelli, 1986. Traducción española de Joaquín Jordá, *La línea del horizonte*, Barcelona, Anagrama, 1988.

I volatili del Beato Angelico, Palermo, Sellerio, 1987. Traducción española de Xavier González Rovira y Carlos Gumpert, *Los volátiles del Beato Angélico*, Barcelona, Anagrama, 1991. Esta traducción incluye los relatos añadidos a la segunda edición, 1988, de *El juego del revés*.

"Tanti saluti", en Tullio Pericoli, *Tanti saluti*, Milán, Rosellina Archinto, 1988.

I dialoghi mancati, Milán, Feltrinelli, 1988.

"Fiamme", en *Davide Benati*, catálogo de la exposición de la Galleria Civica de Módena, septiembre-octubre, 1989, Módena, Cooptip, 1989, pp. 5-6. Traducción es-

pañola de Arturo Maccanti, "Llamas", *La Página*, 5, febrero-mayo de 1991, pp. 25-26.

"Voces traídas por algo. Imposible decir qué", traducción
española de Xavier González Rovira y Carlos Gumpert,
en el volumen *Las tentaciones. Un pintor, Jerónimo Bosco. Un escritor, Antonio Tabucchi*, Barcelona, Anagrama,
1989. El relato original italiano se publicará posteriormente en *El ángel negro*.

"Lettera a Salgot o una giornata con Salgot", en *J. A. Salgot. Esastamente*, catálogo de la exposición de la galería Marianovich Arte, Barcelona, abril-mayo de 1991.

L'angelo nero. Milán, Feltrinelli, 1991. Traducción española de Xavier González Rovira y Carlos Gumpert, *El ángel negro*, Barcelona, Anagrama, 1993.

Requiem. Lisboa, Quetzal, 1991. Traducción española de
Xavier González Rovira y Carlos Gumpert, *Réquiem*,
Barcelona, Anagrama, 1994.

Sogni di sogni, Palermo, Sellerio, 1992. Traducción española de Xavier González Rovira y Carlos Gumpert, *Sueños de sueños seguido de los últimos tres días de Fernando Pessoa*, Barcelona, Anagrama, 1996.

Sostiene Pereira, Milán, Feltrinelli, 1994. Traducción española de Xavier González Rovira y Carlos Gumpert, *Sostiene Pereira*, Barcelona, Anagrama, 1995.

Gli ultimi giorni di Fernando Pessoa, Palermo, Sellerio, 1994.

La testa perduta di Damasceno Monteiro, Milán, Feltrinelli,
1997. Traducción española de Carlos Gumpert y Xavier
González Rovira, *La cabeza perdida de Damasceno Monteiro*, Barcelona, Anagrama, 1997.

2. ENSAYOS[1]

La parola interdetta. Poeti surrealisti portoghesi, Turín, Einaudi, 1971. Estudio y antología del grupo surrealista
portugués de posguerra.

---

1. En este apartado se recogen exclusivamente libros, así como los artículos del propio autor de interés para la comprensión de su obra literaria, pero no artículos de carácter erudito relacionados con su actividad universi-
taria.

Il teatro portoghese del dopoguerra (trent'anni di censura), Roma, Abete, 1976. Estudio del teatro lusitano de posguerra y en especial de sus problemas con la censura salazarista.

"Equivoci senza importanza", en *Mondo Operaio,* 12, diciembre de 1985. Autorreflexión crítica sobre los libros de narrativa publicados hasta ese momento.

"Doppio senso", en *Alfabeta,* 69, febrero, 1985, suplemento literario, p. III. Breve ensayo acerca de las peculiaridades de la narración.

"Il monolocale del racconto", *Alfabeta,* 87, mayo de 1986, suplemento literario, p. XII. Consideraciones sobre el cuento como género literario.

Un baule pieno di gente. Scritti su Fernando Pessoa, Milán, Feltrinelli, 1990. Recopilación de los más importantes ensayos del autor sobre el poeta portugués, algunos de los cuales, en su versión portuguesa, ya habían sido compilados anteriormente en el volumen *Pessoana mínima,* Lisboa, 1984.

El siglo XX: balance y perspectivas, Viceconsejería de Cultura y Deportes del Gobierno de Canarias, 1991. Este texto, una reflexión sobre la literatura en general, sobre su función en nuestros días y sobre algunos grandes autores de nuestro siglo, fue originariamente una conferencia leída en español en las Islas Canarias en noviembre de 1989; este volumen incluye asimismo una entrevista con el autor realizada por Domingo-Luis Hernández, con el título "La novela, el problema". Ambos han sido publicados también en el número 5 de la revista *La Página,* febrero-mayo de 1991, pp. 3-9 y 130-137, respectivamente.

3. TRADUCCIONES

Loyola Brandao, *Zero,* Milán, Feltrinelli, 1974.

Alexandre O'Neill, *Made in Portugal,* Milán, Guanda, 1978. Antología poética seleccionada, traducida y prologada por Antonio Tabucchi.

Fernando Pessoa, *Una sola multitudine*, 2 vols., Milán, Adelphi, 1979 y 1984. Extensa antología crítica de la poesía y prosa de Pessoa, al cuidado de Antonio Tabucchi con la colaboración de María José de Lancastre, que incluye un estudio preliminar, una bibliografía y un glosario sobre los heterónimos y los movimientos de vanguardia en Portugal.

Fernando Pessoa, *Il libro dell'Inquietudine*, Milán, Feltrinelli, 1986. Edición, organización y notas de María José de Lancastre, prólogo de Antonio Tabucchi, traducción de Antonio Tabucchi y María José de Lancastre.

Carlos Drummond de Andrade, *Sentimento del mondo*, Turín, Einaudi, 1987. Selección y traducción de treinta y siete poemas a cargo de Antonio Tabucchi.

Fernando Pessoa, *Il poeta è un fingitore*, Milán, Feltrinelli, 1988. Antología y traducción de doscientos breves fragmentos a cargo de Antonio Tabucchi.

Fernando Pessoa, *Lettere alla fidanzata*, Milán, Adelphi, 1988. Traducción y epílogo de Antonio Tabucchi.

Fernando Pessoa, *Il marinaio*, Turín, Einaudi, 1988. Traducción y epílogo de Antonio Tabucchi.

Fernando Pessoa, *Nove poesie di Alvaro de Campos e sette poesie ortonime*, Bolonia, Baskerville, 1988. Introducción y traducción de Antonio Tabucchi.

Fernando Pessoa, *Poesie di Alvaro de Campos*. Milán, Adelphi, 1993. Prólogo de María José de Lancastre, traducción de Antonio Tabucchi.

Printed in the United Kingdom
by Lightning Source UK Ltd.
2428